Thomas von Kleinsorgen

Besser in Latein

Grammatik

Mit 20 S. Lösungsheft

1./2. Lernjahr

Cornelsen
SCRIPTOR

Wir wissen nicht, was der freundliche Römer dort empfiehlt; wir empfehlen den **Pocket Teacher Latein: Grammatik** von Cornelsen Scriptor. Er enthält – knapp und klar und mit vielen Beispielen – das Basiswissen zur Latein-Grammatik.
ISBN 978-3-589-22784-6

www.cornelsen.de

Bibliografische Information
Die Deutsche Bibliothek verzeichnet diese Publikation in der Deutschen Nationalbibliografie; detaillierte bibliografische Daten sind im Internet über http://dnb.ddb.de abrufbar.

2. Auflage 2011
© 2011 Cornelsen Verlag Scriptor GmbH & Co. KG, Berlin
Das Werk und seine Teile sind urheberrechtlich geschützt. Jede Nutzung in anderen als den gesetzlich zugelassenen Fällen bedarf deshalb der vorherigen schriftlichen Einwilligung des Verlags.
Hinweis zu den § 46, 52a UrhG: Weder das Werk noch seine Teile dürfen ohne eine solche Einwilligung eingescannt und in ein Netzwerk eingestellt oder sonst öffentlich zugänglich gemacht werden.
Dies gilt auch für Intranets von Schulen und sonstigen Bildungseinrichtungen.
Redaktion: Heike Friauf, Berlin
Umschlaggestaltung: Patricia Müller und Torsten Lemme, Berlin
Illustrationen: Klaus Puth, 63165 Mühlheim
Typografie: Julia Walch, Bad Soden
Herstellung und Umbruch: Kristiane Klas, Frankfurt am Main
Lithografie: Tom Harwerth Herstellung, Frankfurt am Main
Druck- und Bindung: Tesinska Tiskarna, Cesky Tesin
Printed in the Czech Republic
ISBN 978-3-589-22883-6

Gedruckt auf säurefreiem Papier, umweltschonend hergestellt aus chlorfrei gebleichten Faserstoffen.

Inhalt

DEUTSCHLAND GEWINNT 3:0!
Wie dir dieses Buch helfen kann **5**

ERST MAL ZUM LATEIN-TÜV
1. Grammatischer Vorkurs **6**
   - Die Wortarten **6**
   - Die Satzglieder bzw. die Aufgaben von Wörtern im Satz **10**

ZEITREISE 1. TEIL
2. Indikativ Präsens Aktiv **12**

EIN FALL KOMMT SELTEN ALLEIN
3. Das Substantiv **16**
   - Kasuslehre: Der Nominativ **16**
   - Kasuslehre: Der Genitiv **18**
   - Kasuslehre: Der Dativ **22**
   - Kasuslehre: Der Akkusativ **25**

DER OLYMPIASIEGER
4. Die lateinischen Kasus **30**
   - Kasuslehre: Der Ablativ **30**
   - Kasuslehre: Der Vokativ **34**

EIN WICHTIGER MITSPIELER
5. Das Adjektiv **35**

MARKUS WIRD ERSCHRECKT
6. Indikativ Präsens Passiv **38**

ZEITREISE MIT DEM D-VW
7. Indikativ Imperfekt Aktiv und Passiv **42**

REISE IN DIE VERGANGENHEIT
8. Indikativ Perfekt Aktiv und Passiv **47**

AB IN DIE ZUKUNFT
9. Indikativ Futur I Aktiv und Passiv **52**

DER SIEG IST UNSER!
10. Imperativ **56**

OPTIMALER EINSATZ
11. Das Adverb **57**

DIE VERFLIXTEN KLEINEN WÖRTER
12. Die Pronomina **59**
    - Die Interrogativpronomina **59**
    - Das Relativpronomen **61**

DIESER SOLL ES SEIN
13. Noch mehr Pronomina **63**
    - Die Demonstrativpronomina **63**
    - Die Personalpronomina **70**

RÖMISCHE SPEZIALITÄTEN
14. Satzwertige Konstruktionen **73**
    - Der Akkusativ mit Infinitiv (A.c.i.) **73**
    - Das Participium coniunctum (P.c.) **80**

WEIL ICH SO CLEVER BIN …
15. Indikativische Gliedsätze **85**

WENN DAS WÖRTCHEN „WENN" NICHT WÄR
16. Der Konjunktiv **89**
    - Konjunktiv Imperfekt Aktiv und Passiv **89**
    - Konjunktiv Präsens Aktiv und Passiv **91**

Die Randsymbole bedeuten:

Hier kannst du direkt in das Buch schreiben.

Nimm ein Blatt oder besser noch ein Heft und schreibe dort hinein.

DEUTSCHLAND GEWINNT 3 : 0!

Bericht von unserem Reporter V. Er. Kehrt

Im letzten Länderspiel vor den Qualifikationsspielen zur Fußballeuropameisterschaft gewann die neu formierte deutsche Nationalmannschaft verdient 3 : 0. Das erste deutsche Tor erzielte dabei Podolski mit einem verwandelten Siebenmeter (der gegnerische Abwehrspieler war durch den Kreis gelaufen), die Treffer Nummer zwei und drei gingen auf das Konto von Schweinsteiger. Den ersten Treffer erzielte er mit einem sehenswerten Dunking, den zweiten mit einem fulminanten Linkswurf.

Wie dir dieses Buch helfen kann

Was ist das wohl für ein komischer Reporter, der nicht einmal in der Lage ist, ein Fußballspiel mit den richtigen Fachausdrücken zu kommentieren! Die Ausdrücke und Spielregeln aus den Bereichen Handball und Basketball haben natürlich auf einem Fußballplatz und in einem Bericht über ein Fußballspiel nichts zu suchen. Jede Sportart besitzt ihre eigene Begrifflichkeit. Ebenso verhält es sich mit der Begrifflichkeit, wenn man sich über eine Sprache und deren Grammatik unterhalten will. Damit du erfolgreich mitarbeiten kannst, musst du wichtige grammatische Begriffe richtig verwenden können. Diese findest du, zur Wiederholung und damit du richtig fit wirst, im ersten Kapitel dieser Lernhilfe. Schließlich soll dir nicht passieren, was unserem Reporter V. Er. Kehrt passiert ist.
Die Lernhilfe ist so angelegt, dass du die einzelnen Kapitel jeweils für sich bearbeiten kannst, je nachdem, was du gerade wiederholen möchtest oder was ihr in der Schule durchnehmt.
Wenn du jetzt mit dieser Lernhilfe arbeitest, darfst du dich nicht selbst betrügen. Falls einmal Schwierigkeiten in einem Kapitel auftreten, solltest du nicht sofort im Lösungsheft nachsehen, sondern dir die Erläuterungen noch ein zweites Mal durchlesen und einen erneuten Lösungsversuch starten. Du wirst sehen, zumeist hilft das! So wirst du auch insgesamt sicherer mit der Grammatik und ihren einzelnen Erscheinungen. Am besten ist es, wenn du das Lösungsheft möglichst weit wegpackst (oder es sogar deinen Eltern gibst) und erst nach einem vollständigen Lösungsversuch deine Ergebnisse überprüfst. Unbekannte Vokabeln kannst du im Vokabelverzeichnis deines Lehrbuches nachschlagen.

So – und nun viel Spaß!

ERST MAL ZUM LATEIN-TÜV

1. Grammatischer Vorkurs

Wahrscheinlich würdest du es nicht wagen, mit diesem Auto an einem Rennen teilzunehmen. Zu viele Teile sind kaputt und das Ganze droht jeden Moment auseinanderzufallen. Ebenso kann bei dir, sofern du die verschiedenen Teile der Grammatik nicht richtig beherrschst, dein Lateingerüst defekt sein. Also wollen wir zunächst einmal mit dem grammatischen Latein-TÜV beginnen und die Grundlagen für eine gute weitere Arbeit legen.

Die Wortarten

Grundsätzlich unterscheidet man **flektierbare** (d. h. veränderbare) und **unflektierbare** (unveränderbare) Wörter.

Zu den **flektierbaren** Wörtern gehören die **Nomina**. Zu diesen zählt man:

- **Substantive** (Hauptwörter): Tag, Mahlzeit, Haus
- **Adjektive** (Eigenschaftswörter): groß, klein, still, fleißig
- **Partizipien** (Mittelwörter/Verlaufsformen): laufend, gelobt
- **Pronomina** (Fürwörter) gehören auch dazu; dabei unterscheiden wir:
    - **Personalpronomen** (persönliche Fürwörter): ich, du, wir, ihr, euch
    - **Demonstrativpronomen** (hinweisende Fürwörter): dieser, jener, derjenige
    - **Possessivpronomen** (besitzanzeigende Fürwörter): mein, dein, unser
    - **Interrogativpronomen** (fragende Fürwörter): wer? was? wessen?
    - **Relativpronomen** (bezügliche Fürwörter): der, die, das, welcher
- **Numerale** (Zahlwort):
    - von den **Grundzahlen** (Cardinalia) nur: eins, zwei und drei
    - von den **Ordnungszahlen** (Ordinalia) alle: der Erste usw.

Alle diese Nomina werden *dekliniert*.

Veränderbar sind auch die **Verben** (Zeitwörter): laufen, wohnen, lernen
Verben werden *konjugiert*.

Bei den Verben muss man zwischen **transitiven** und **intransitiven Verben** unterscheiden. Transitive Verben können ein Akkusativobjekt bei sich haben, das im passivischen Satz zum Subjekt wird. Beispiel: Ich lobe meine Katze (Akkusativobjekt). Passivsatz: Meine Katze (jetzt Subjekt) wird von mir gelobt.
Alle anderen Verben nennt man intransitive Verben.

Zu den **unflektierbaren** Wörtern (auch **Partikeln** genannt) zählen:
- **Adverbien** (Umstandswörter): oft, morgens; auch fragend: wo? wie?
- **Präpositionen** (Verhältniswörter): über, unter, nach, neben
- **Konjunktionen** (beiordnende Bindewörter): aber, und, denn, nämlich
- **Subjunktionen** (unterordnende Bindewörter): nachdem, sobald, weil, obwohl
- **Interjektionen** (Ausrufewörter): ach! o weh!
- **Negationen** (Verneinungswörter): nicht, nie, niemals

1 Versuche nun die Wörter des folgenden Textes (abgesehen von den Eigennamen) in die Tabelle einzuordnen. Übertrage dafür die Tabelle in dein Heft – mit breiten Spalten zum Hineinschreiben.
Schreibe bei den Substantiven auch jeweils den Artikel davor, der den Kasus deutlich macht.

Frühmorgens eilt Gaius mit seinem Freund Marcus, der bei ihm in der Nähe wohnt, in die Schule. Diese Schule wird von einem ehemaligen griechischen Sklaven, der Diomedes heißt, geleitet. Auf dem Weg fragt Marcus: „Wo wohnt Diomedes? Liegt seine Wohnung in der Nähe? Er ist immer sehr früh da?" Gaius klärt seinen Freund auf: „Diomedes wohnt in einem kleinen Zimmer, das hinter unserem Unterrichtsraum liegt."

Nomina					
Substantiv	Adjektiv	Partizip	Personalpronomen	Demonstrativpronomen	Possessivpronomen
dem Freund					

Nomina		Verben		Partikeln	
Interrogativpronomen	Relativpronomen	Verb	Adverb	Präposition	Konjunktion

Drei Merkmale bestimmen die **Deklination**:

1. der **Kasus** (der Fall): der Nominativ (1. Fall; Wer-Fall), der Genitiv (2. Fall; Wessen-Fall), der Dativ (3. Fall; Wem-Fall), der Akkusativ (4. Fall; Wen-Fall), im Lateinischen zusätzlich: der Ablativ (5. Fall); gelegentlich wird als 6. Fall auch noch der Vokativ (Anredefall) unterschieden.
2. der **Numerus** (die Anzahl): Singular (Einzahl), Plural (Mehrzahl)
3. das **Genus** (das Geschlecht): Maskulinum (männlich), Femininum (weiblich), Neutrum (sächlich)

2 Nimm aus deiner Tabelle die Substantive und bestimme die Wörter nach diesem Schema. Du musst dabei noch einmal genau im Text auf S. 7 nachlesen, damit du den Kasus richtig bestimmst.

Substantivform	Kasus	Numerus	Genus
dem Freund	*Dativ*	*Singular*	*m.*

Fünf Merkmale bestimmen die **Konjugation**:

1. die **Person** (1., 2., 3. Person)
2. der **Numerus** (Anzahl) : Singular (Einzahl), Plural (Mehrzahl)
3. der **Modus** (Aussageweise): Indikativ (Wirklichkeitsform), Konjunktiv (Möglichkeitsform), Imperativ (Befehlsform)
4. das **Tempus** (Zeit):
   Präsens (Gegenwart)
   Imperfekt/Präteritum (Vergangenheit)
   Futur I (Zukunft)
   Perfekt (vollendete Gegenwart)
   Plusquamperfekt (vollendete Vergangenheit)
   Futur II (vollendete Zukunft)
5. das **Genus verbi** (Handlungsart):
   Aktiv (die Tätigkeitsform), Passiv (die Leideform)

3 Sieh dir nun einmal diese Verbformen an und bestimme sie nach folgendem Schema. Übertrage dazu auch dieses Schema in dein Heft.

ich bin getäuscht worden – sie hatten gewonnen – er rannte – ihr werdet gelobt werden – sie wäre entdeckt worden – lauft! – wir werden arbeiten – du wirst gehört – ihr werdet gesungen haben – er liebe

Verbform	Person	Numerus (dt.: ____)	Modus (dt.:?)	Tempus (dt.: ____)	Genus verbi (dt.:?)
ich liebe	1.	Singular	Indikativ	Präsens	Aktiv

Kommen dir die Begriffe jetzt vertraut vor? Dann kann die Reise ja weitergehen.

4 Versuche nun die folgenden Begriffe auf die bereitstehende Tabelle zu verteilen.

Aktiv – Akkusativ – Dativ – Femininum – Futur – Genitiv – Imperativ – Imperfekt – Indikativ – Konjunktiv – Maskulinum – Neutrum – Nominativ – Passiv – Perfekt – Plural – Plusquamperfekt – Präsens – Singular

Kasus	Modus	Genus	Tempus	Genus verbi	Numerus

Diese Begriffe solltest du jetzt fehlerfrei beherrschen und auf keinen Fall mit den Bezeichnungen der folgenden Gruppe verwechseln, denn sonst ergeht es dir wie unserem Fußballreporter!

Die Satzglieder bzw. die Aufgabe von Wörtern im Satz

Unvorsichtige Kinder beißen häufig Hunde!

Sind Kinder mittlerweile schon so bisswütig, dass sie sich an Hunde heranwagen? Das kann doch wohl nicht wahr sein! Erst beim zweiten Hinsehen wird klar, dass in diesem Satz nicht die Kinder die „Bisswütigen" sind, sondern die Hunde. Helfen kann uns bei solchen Sätzen die Bestimmung der Satzglieder bzw. die Bestimmung der syntaktischen Funktion von Wörtern, durch die die Aufgabe der Wörter innerhalb eines Satzes festgelegt wird. Folgende Satzglieder solltest du kennen:

- das **Subjekt**, den Satzgegenstand (Frage: **Wer** oder **was** tut/ist?)
- das **Prädikat**, die Satzaussage (Fragen: Was **wird ausgesagt**?/Was **ist**?)
- das **Objekt**, die Satzergänzung (Fragen: **Wem** geschieht etwas? – Dativobjekt. Auf **wen oder was** richtet sich die Handlung des Prädikats? – Akkusativobjekt. **Bei/Mit wem** ...? – Präpositionales Objekt.)
- das **Adverbiale**, die Umstandsbestimmung (dieses Satzglied erläutert den Verbvorgang genauer; insofern ergeben sich hier vielfältige Fragen: Wo? Wann? Warum? Wie?/Auf welche Weise? Mit welcher Folge?)
- das **Attribut**, die Beifügung (Frage: „Was für ein?")

Zu den notwendigen Bestandteilen, um einen Satz zu verstehen, gehören immer das Subjekt und das Prädikat, sehr oft auch das Objekt. Das Adverbiale und das Attribut stellen dagegen zusätzliche Angaben dar.

5 Doch zurück zu unserem Ausgangssatz. Versuche einmal die Satzglieder zu bestimmen.

	Unvorsichtige	Kinder	beißen	häufig	Hunde.
Frage:					
Satzglied bzw. Aufgabe des Wortes im Satz:					

6 Bestimmt hat dir diese Aufgabe keine großen Schwierigkeiten mehr bereitet und du hast die Hunde schnell als die Handlungsträger – die Beißer – richtig erkannt. Doch wie steht es mit dem kurzen Text von S. 7 über unsere beiden römischen Jungen? Versuche auch hier die Aufgaben der Wörter im Satz zu bestimmen! (Das Wort, das über dem grauen Feld steht, brauchst du nicht zu bestimmen! Auf seine Funktion werden wir später eingehen.)

	Frühmorgens	eilt	Gaius	mit seinem Freund Marcus,
Frage:				
Satzglied bzw. Aufgabe des Wortes im Satz:				

	der	bei ihm	in der Nähe	wohnt,	in die Schule.
Frage:					
Satzglied bzw. Aufgabe:					

	Diese	Schule	wird	von einem ehemaligen griechischen Sklaven	geleitet,
Frage:					
Satzglied bzw. Aufgabe:					

	der	Diomedes	heißt.	Auf dem Weg	fragt	Marcus:
Frage:						
Satzglied bzw. Aufgabe:						

	„Wo	wohnt	Diomedes?	Liegt	seine	Wohnung	in der Nähe?
Frage:							
Satzglied bzw. Aufgabe:							

Wenn du auch diese Aufgabe richtig gelöst hast, hast du schon eine ganze Menge von der Sprache und ihrer Funktion verstanden und kannst bei den folgenden Kapiteln, die sich nun mit der lateinischen Sprache beschäftigen werden, sicher gut mitarbeiten. Falls du noch Fehler gemacht hast, solltest du die Erläuterungen noch einmal genau durchlesen und einen erneuten Lösungsversuch starten. Denn damit wir uns gut und richtig verstehen, müssen wir auch dieselbe Fachsprache sprechen, sonst ergeht es uns wie unserem Fußballreporter V. Er. Kehrt!

ZEITREISE 1. TEIL

2. Indikativ Präsens Aktiv

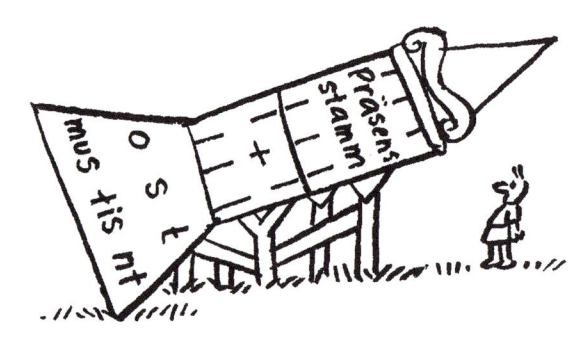

Hier beginnen wir mit dem ersten Teil einer Reise durch die Zeiten. Wie du siehst, steht auf unserer Abschussbasis „Capo Latino" schon eine Rakete bereit, die dich sicher zur ersten Etappe bringen soll.
Die lateinische Sprache bedient sich bei der Bildung der einzelnen Wortformen eines ausgeklügelten Baukasten-Prinzips. Besonders wichtig ist dabei die Endung der Wörter, ganz gleich, ob es sich um Substantive, Pronomina, Adjektive oder Verben handelt. Mit Hilfe der Endungen erreicht die lateinische Sprache das, wozu wir in unserer Sprache Artikel, Personalpronomina oder Hilfsverben gebrauchen. Steigen wir also ein in dieses antike „Lego"system der Sprache und sehen uns als Erstes die Bauweise des Indikativs Präsens Aktiv an. Dabei wollen wir uns zunächst auf die Verben der a- und e-Konjugation beschränken. Dazu gehören alle Verben, deren Stamm auf einem langen -a oder -e endet wie *lauda-re, labora-re, manda-re* bzw. *arde-re, cense-re, vide-re*. Das angehängte *-re* ist das **Kennzeichen** (= Morphem) des Infinitivs Präsens Aktiv.

> **Wichtig** ist, dass du vom ersten Auftreten der Verben an auf die **korrekte Aussprache der Vokale** achtest.

Das gilt besonders für den Vokal vor der Infinitiv-Endung. Bei den Verben der a-Konjugation ist dies ja einfach, aber bei den Verben auf -e kann das schon schwieriger werden. Denn: *manere, cadere* und *fugere* sehen zwar in ihrer geschriebenen Form gleich aus, jedoch ist nur bei manere das **-e-** vor der Infinitiv-Endung lang. Daran kannst du sofort erkennen, dass dieses Verb zur e-Konjugation gehört. Bei den beiden anderen Verben wird das -e- kurz gesprochen, womit ihre Zugehörigkeit zu anderen Konjugationsklassen festgelegt ist, auf die wir später zu sprechen kommen.

Die ersten Bausteine für unser System lauten:

-o -s -t -mus -tis -nt

Mit ihnen drückt der Römer im Indikativ Präsens Aktiv die Personen aus: ich, du, er/sie/es, wir, ihr, sie.
Wenn wir diese Endungen an unsere oben aufgeführten Verben anhängen, ergibt das:

a-Konj.	laud**o**	lauda-s	lauda-t	lauda-mus	lauda-tis	lauda-nt
a-Konj.	labor**o**	labora-s	labora-t	labora-mus	labora-tis	labora-nt
a-Konj.	mand**o**	manda-s	manda-t	manda-mus	manda-tis	manda-nt
e-Konj.	arde-o	arde-s	arde-t	arde-mus	arde-tis	arde-nt
e-Konj.	cense-o	cense-s	cense-t	cense-mus	cense-tis	cense-nt
e-Konj.	vide-o	vide-s	vide-t	vide-mus	vide-tis	vide-nt

Doch was ist in der ersten Person Singular bei den Verben der **a**-Konjugation geschehen? Warum steht dort *laudo* und nicht *„laudao"*? Hier ist eine Verschmelzung von *-ao* zu *-o* eingetreten, da die beiden Vokale getrennt gesprochen nicht so gut klingen.

1 Bestimme und übersetze nun die folgenden Verbformen.

sedemus	*1. P. Pl.*		pareo		
gaudes			tacemus		
maneo			delectat		
spectatis			festino		
rides			statis		
appropinquat			salutant		
intro			habemus		
clamant			vocas		
laboratis			respondent		

2 Hin und Her! Vertausche jeweils den Numerus! Mach also aus Einzahl Mehrzahl und umgekehrt.

sedemus		pareo	
gaudes		tacemus	
maneo		delectat	
spectatis		festino	
rides		statis	
appropinquat		salutant	
intro		habemus	
clamant		vocas	
laboratis		respondent	

Ein wenig komplizierter ist die Konjugation des lateinischen Hilfsverbs **esse** – sein. Doch mit ein wenig Bemühen wirst du auch sie durchschauen. Wie im Deutschen gibt es bei diesem Hilfsverb auch im Lateinischen unterschiedliche Wortstämme, doch bleiben im Lateinischen die bekannten Personalendungen – mit Ausnahme der 1. Person Singular – erhalten.

sum	**es**	**est**	**sumus**	**estis**	**sunt**
ich bin	du bist	er/sie/es ist	wir sind	ihr seid	sie sind

Neben den genannten Konjugationen gibt es, wie oben bereits angesprochen, noch weitere Konjugationsklassen. Erinnere dich: Auf S. 12 wurden auch *cadere* und *fugere* genannt. Sieh dir die beiden folgenden Schemata einmal an:

cad-o	cad-i-s	cad-i-t	cad-i-mus	cad-i-tis	cad-u-nt
fugi-o	fugi-s	fugi-t	fugi-mus	fugi-tis	fugi-u-nt

Obwohl beide Verben im Infinitiv gleich aussehen und auch mit einem kurzen *-e-* gesprochen werden, gehören sie nicht der gleichen Konjugationsklasse an.
Bei *cadere* lautet der Stamm *cad-*; der Wortstamm endet also auf einem Konsonanten. Die Konjugationsklasse, zu der solche Verben gehören, heißt deshalb **konsonantische Konjugation**. Zur Bildung der Formen wird, wenn die Personalendung mit einem Konsonanten beginnt, ein *-i-* oder (in der 3. Pers. Plur.) ein *-u-* eingeschoben, um die Formen leichter aussprechen zu können. Dieser Vokal heißt deshalb „Aussprechvokal" oder „Bindevokal" und muss bei der Zerlegung der Formen sowohl vom Stamm als auch von der Endung abgetrennt werden (→ cad-i-mus).
Bei *fugere* dagegen gehört das *-i-* zum Stamm. Es ist ein kurzes *-i-* und darf nicht vom Stamm abgetrennt werden (→ fugi-mus). Die Konjugationsklasse heißt deshalb **kurzvokalische i-Konjugation**. Bei der Formenbildung werden an den durch *-i-* erweiterten Stamm die Personalendungen angehängt, wobei in der 3. Person Plural das *-u-* aus der konsonantischen Konjugation mit übernommen wird. Außerdem bleibt, wie du am Infinitiv gesehen hast (fugere), das *-i-* nicht in allen Formen

erhalten; einige Formen sehen dadurch so aus, als gehörten sie zu einem Verb der konsonantischen Konjugation. Die Konjugationsklasse wird deshalb auch **gemischte Konjugation** genannt.

> **Wichtig** ist es für dich daher beim Vokabellernen, dass du bei den Verben – besonders bei denen, die ein *-e-* vor der Infinitivendung haben – immer sofort **auch die 1. Person Singular Indikativ Präsens Aktiv mitlernst**, damit du die Verben der richtigen Konjugationsklasse zuordnen kannst. Denn davon wird noch eine Menge abhängen!

3 Gib bei den folgenden Verben die jeweilige Konjugationsklasse an und bilde alle fehlenden Formen.

Konj. -Kl.	1. Singular	2. Singular	3. Singular	1. Plural	2. Plural	3. Plural
						monent
	capio					
						trahunt
						rapiunt
	fleo					
	peto					

4 Suche dir dann – sofern du die Bedeutung nicht weißt – aus dem Vokabelanhang deines Lehrbuchs die Bedeutung der Verben heraus und übersetze auf einem Blatt die hellblau unterlegten Formen!

Als letzte Konjugation wollen wir uns nun noch die **i-Konjugation** anschauen. Sie wird gelegentlich auch langvokalische i-Konjugation genannt, weil bei den Verben, die zu dieser Gruppe gehören, im Gegensatz zu *fugere* und *cadere* (s. S. 14) der Stammauslaut *-i-* lang ist und deshalb auch in allen Formen als Teil des Stammes erhalten bleibt:

audi-o   audi-s   audi-t   audi-mus   audi-tis   audi-u-nt

Diese Deklinationsklasse dürfte für dich keine große Schwierigkeit darstellen: In der 3. Person Plural wird auch hier das *-u-* aus der konsonantischen Konjugation mit übernommen, im Übrigen werden die Formen wie üblich zusammengesetzt. Ihr Bauplan ist also: **Verbstamm *audi-* + Personalmorpheme**.

5 Wie müssen dementsprechend die Formen von *venire* und *aperire* lauten?

venire: _____

aperire: _____

Jetzt bist du erfolgreich durch das Präsens Aktiv gereist!

EIN FALL KOMMT SELTEN ALLEIN

3. Das Substantiv

Das Baukasten-System funktioniert natürlich auch bei Substantiven. Jetzt heißt es also wieder: Endungen genau anschauen!

Kasuslehre: Der Nominativ

Für den Nominativ gibt es kein einheitliches Kasuskennzeichen (-morphem). Wichtig für dich ist, dass du von jedem Wort weißt, in welche **Deklinationsklasse** das betreffende Nomen (Substantiv) gehört, denn davon hängt die Bildung der weiteren Kasus ab. Häufig wird dadurch auch sein Genus festgelegt.

	o-Deklination			a-Deklination	konsonantische Deklination	
Singular	filius	puer	forum	cena	labor	pater
Plural	fili-**i**	puer-**i**	for-**a**	cen-**ae**	labor-**es**	patr-**es**

Der Nominativ zeigt dir, dass das Wort **Subjekt** eines Satzes ist. Er bezeichnet als solches die Person oder Sache, die handelt (1), die von einer Handlung betroffen wird (2) oder über die im Satz etwas ausgesagt wird (3):

(1) Puer laborat.   Der Junge arbeitet.
(2) Puer laudatur.   Der Junge wird gelobt.
(3) Cena delectat.   Das Essen erfreut.

Dabei besteht zwischen **Subjekt** und **Prädikat** eine **Numerus-Kongruenz** (= Übereinstimmung in der Zahl, d. h., Subjekt und Prädikat stehen entweder beide im Singular oder beide im Plural).

1 Bilde unter Beachtung dieses Grundgesetzes aus den folgenden Substantiven und Verben sinnvolle kleine Sätze. Zu jedem Substantiv findet sich ein passendes Verb.

Substantive: amici – filius – liberi – magister – puella – puer – servi – viri
Verben: accubant – docet – gaudent – ministrant – respondent – ridet – sedet – stat

Daneben tritt der Nominativ in Verbindung mit dem Hilfsverb *esse* auch als **Prädikatsnomen** auf und stellt mit diesem zusammen gewissermaßen ein „nominales Prädikat" dar.

Syrus servus est.	Syrus ist ein Sklave.
Apollodorus Graecus est.	Apollodorus ist ein Grieche.
Rufus dominus est.	Rufus ist der Hausherr.
Cornelia domina est.	Cornelia ist die Hausherrin.

Häufig werden als Prädikatsnomina auch **Adjektive** verwendet. Viele dieser Adjektive gehören im Lateinischen der a-/o-Deklination an, d. h., sie werden im Maskulinum und Neutrum (Endungen -*us* bzw. -*um*) nach der o-Deklination und im Femininum (Endung -*a*) nach der a-Deklination dekliniert. Auf das Adjektiv *magnus* angewendet, ergibt das folgende Reihen:

	Mask.	*Fem.*	*Neutr.*	
Singular	magnus ... ,	magna ... ,	magnum ...	der große..., die große ..., das große ...
Plural	magni ...,	magnae ...,	magna ...	die großen ...

Werden diese Adjektive mit einem Substantiv verbunden, müssen sie mit dem Bezugswort in **Kasus**, **Numerus** und **Genus** übereinstimmen, es besteht zwischen ihnen also eine **KNG-Kongruenz**.

Syrus servus *fidus* est.	Syrus ist ein *zuverlässiger* Sklave.
Apollodorus Graecus *callidus* est.	Apollodorus ist ein *schlauer* Grieche.
Rufus dominus *severus* est.	Rufus ist ein *strenger* Hausherr.
Cornelia domina *bona* est.	Cornelia ist eine *gute* Hausherrin.
Forum magnum est.	Das Forum ist groß.
Templa praeclara sunt.	Die Tempel sind hochberühmt.
Labor magnus est.	Die Mühe ist groß.

Genaueres zu den Adjektiven erfährst du auf den Seiten 35–37.

2 Sieh dir nun die folgenden Sätze an und – falls ein Fehler vorliegt – korrigiere sie. Begründe jeweils deine Korrektur und übersetze dann die Sätze.

Marcus amicus bonus sunt. Fehler: _____
Übersetzung:

Cornelia et Iulia appropinquant. Fehler: _____
Übersetzung:

Caecilia mater bona est. Fehler: _____
Übersetzung:

Pater severus est. Fehler: _____
Übersetzung:

Mater benignus est. Fehler: _____
Übersetzung:

Apollodorus et Syrus servus fidus sunt. Fehler: _____
Übersetzung:

Kasuslehre: Der Genitiv

Der Genitiv verfügt im Singular ebenfalls über kein einheitliches Kasusmorphem (-kennzeichen). So bildet die o-Deklination den Genitiv mit einem *-i*, die a-Deklination mit einem *-ae* (beide baugleich mit dem jeweiligen Nominativ Plural!) und die konsonantische Deklination hat für diesen Kasus die Endung *-is*. Das ergibt für die verschiedenen Deklinationsklassen folgende Formen:

	o-Deklination			a-Deklination	kons. Deklination	
Nom. Sg.	filius	puer	forum	cena	labor	pater
Gen. Sg.	fili-**i**	puer-**i**	for-**i**	cen-**ae**	labor-**is**	patr-**is**
Gen. Pl.	fili-**orum**	puer-**orum**	for-**orum**	cen-**arum**	labor-**um**	patr-**um**

Im Plural bilden die o- und a- Deklination den Genitiv auf **-orum/-arum**, die konsonantische bildet ihn auf **-um**.

3 Hin und her! Vertausche den Numerus.

magistri _____   templi _____

virorum _____   oratorum _____

victoris _____   pecuniae _____

viarum _____   equi _____

4 Störenfriede raus! Sieh dir die folgenden Wortreihen an. Es hat sich jedes Mal ein Wort eingeschlichen, das nicht in die Reihe passt. Kennzeichne dieses und begründe deine Entscheidung.

matri – domini – victoris – cenae

servis – amoris – pueris – cenis

laborum – puellarum – puerorum – patrum

horti – ibi – servi – patris

cibi – equi – tibi – periculi

cenae – incolae – servae – patriae

Der lateinische Genitiv bezeichnet die Zugehörigkeit und den Bereich, antwortet auf die Fragen: „wessen?", „was für ein?" und erscheint im Satz zumeist als Attribut.
Sieh dir die folgenden Sätze einmal an!

Villa patris nova est.	Das Haus des Vaters ist neu./Vaters Haus ist neu.
Equum Marci video.	Ich sehe Marcus' Pferd.
Pueri praeclara aedificia fori visitant.	Die Jungen besuchen die berühmten Bauwerke des Forums.

In allen drei Beispielen fragt man nach dem Genitiv mit „Wessen?". Er bezeichnet die Person oder Sache, der etwas (als Eigentum) gehört. Deshalb bezeichnet man diesen Genitiv als **Genitivus possessivus** (Genitiv des Besitzers).
Häufig wird dieser Genitiv im Deutschen falsch wiedergegeben, und zwar mit Hilfe der Präposition „von"; z. B. sagt Hans zu Marcus: „Hol mal das Buch von Peter!" – Was ist mit diesem Satz gemeint? Soll (1) der angesprochene Hans Peters Buch holen, das der ihm vielleicht vor einem Jahr zum Geburtstag geschenkt hat, oder soll (2) Marcus erst zu Peter nach Hause gehen und von dort das Buch holen? Wenn man in solchen Zusammenhängen die Präposition „von" verwendet, ist immer eine Aussage gemeint, wie sie im Fall (2) vorliegt. Ansonsten hätte Hans

sagen müssen: „Hol mir bitte Peters Buch!" Du siehst, du musst den Genitiv im Deutschen genau wiedergeben, sonst wird das, was gesagt werden soll, nicht eindeutig!
Doch keine Regel ohne Ausnahme, wie du bei den folgenden Beispielen entdecken kannst!

Multitudo hominum victorem exspectat.	Eine Menge Menschen erwartet den Sieger.
Midas magnam copiam auri optavit.	Midas wünschte sich eine große Menge Gold.
Quis nostrum id ignorat?	Wer von uns weiß das nicht?
Quid novi fertis?	Was an Neuem bringt ihr?/Was bringt ihr Neues?
Marcus primus omnium est.	Marcus ist der Erste von allen.

In diesen Beispielsätzen bezeichnet der Genitiv das Ganze oder eine Menge, von dem das übergeordnete Wort einen Teil angibt. Deshalb bezeichnet man diesen Genitiv als **Genitivus partitivus**. In diesem Bedeutungsbereich gibt es immer wieder Wortverbindungen, die verlangen, dass du den Genitiv mit Hilfe der Präposition „von" wiedergibst.

5 Übersetze die folgenden kurzen Beispielsätze und gib jedes Mal an, in welcher Bedeutung der Genitiv verwendet wird.

1. *Pueri puellaeque templa deorum spectant.* – _____
   _____ Bedeutungsbereich: _____

2. *Quis vestrum deos Romanos non ignorat?* – _____
   _____ Bedeutungsbereich: _____

3. *Ubi terrarum sunt tot aedificia praeclara?* – _____
   _____ Bedeutungsbereich: _____

4. *Amicus aedificia fori laudavit.* – _____
   _____ Bedeutungsbereich: _____

5. *Prope forum puer equo magnam copiam frumenti dat.* – _____
   _____ Bedeutungsbereich: _____

Victoria Romanorum celebratur.	(1)	**Der Sieg der Römer** wird gefeiert.
oder:	(2)	**Der Sieg über die Römer** wird gefeiert.
Odium Caesaris magna fuit.	(1)	**Der Hass Caesars** war groß.
oder:	(2)	**Der Hass auf Caesar** war groß.

Der Genitiv kann als Attribut das Subjekt bezeichnen, von dem eine Empfindung oder eine Tätigkeit ausgeht, oder das Objekt, auf das die Empfindung oder Tätigkeit zielt.

An unseren Beispielen siehst du, was gemeint ist: In den Sätzen, die mit (1) gekennzeichnet sind, sind die Römer bzw. Caesar das **Subjekt** der im übergeordneten Substantiv ausgedrückten Tätigkeit oder Empfindung (die Römer sind diejenigen, die gesiegt haben; Caesar ist derjenige, der hasst). Ein Genitiv, der in dieser Bedeutung verwendet wird, heißt deshalb Genitivus subiectivus.

In den Sätzen, die mit (2) gekennzeichnet sind, stellen dagegen die Römer bzw. Caesar das Ziel der Tätigkeit oder Empfindung dar, sie sind deren **Objekt** (irgendwelche Gegner haben die Römer besiegt; irgendwelche Menschen hassen Caesar). In solchen Fällen bezeichnet man den Genitiv als Genitivus obiectivus.

Sicher wirst du dich jetzt fragen, welche der beiden jeweils möglichen Übersetzungen nun die richtige ist? Das ergibt sich immer aus dem **Zusammenhang** des Textes.

6 Versuche nun die folgenden Genitivblöcke zu übersetzen und unterscheide dabei die beiden Bedeutungsbereiche (= Bed.-Ber.) des Genitivs, die du gerade kennengelernt hast. Bedenke aber, dass nicht immer beide Übersetzungsmöglichkeiten sinnvoll sind!

1. amor patris _____ Bed.-Ber.: _____
   _____ Bed.-Ber.: _____

2. fuga puellarum _____ Bed.-Ber.: _____
   _____ Bed.-Ber.: _____

3. timor lupi _____ Bed.-Ber.: _____
   _____ Bed.-Ber.: _____

4. cupiditas gloriae _____ Bed.-Ber.: _____
   _____ Bed.-Ber.: _____

5. imperium populi Romani _____ Bed.-Ber.: _____
   _____ Bed.-Ber.: _____

6. dolor iniuriae _____ Bed.-Ber.: _____
   _____ Bed.-Ber.: _____

7. bellum Germanorum _____ Bed.-Ber.: _____
   _____ Bed.-Ber.: _____

Kasuslehre: Der Dativ

Der Dativ verfügt im Singular über kein einheitliches Kasusmorphem (-kennzeichen). So bildet die o-Deklination den Dativ mit einem *-o*, die a-Deklination mit einem *a+e* = *-ae* und die konsonantische mit einem *-i*. Das ergibt für die verschiedenen Deklinationsklassen folgende Formen:

	o-Deklination			a-Deklination	konsonantische Deklination	
Nom. Sg.	filius	puer	forum	cena	labor	pater
Dativ Sg.	fili-**o**	puer-**o**	for-**o**	cen-**ae**	labor-**i**	patr-**i**
Dativ Pl.	fili-**is**	puer-**is**	for-**is**	cen-**is**	labor-**ibus**	patr-**ibus**

Im Plural bilden die o- und a-Deklination den Dativ auf *-is*, die konsonantische bildet ihn auf *-ibus*.

7 Vervollständige die folgende Tabelle.

Nominativ Singular	Dativ Singular	Dativ Plural
	victori	
		vitis
mater		
	periculo	
		venatoribus
asinus		

8 Alles Dativ – oder was? Unterstreiche bei den folgenden Wörtern alle die, die **nicht** im Dativ stehen! Der Reihe nach gelesen, ergeben die Anfangsbuchstaben einen Lösungsspruch.

filio – matri – domini – tibi – ibi – servi – puero – ceno – equi – rego – periculis – ego – patribus – matris – villae – incola – labori – horti – morbo – impero – fabulis – victori – periculi – gallis – doloribus – laboro – amoris – asino – morti – cibi – patri – equito – terroris

Der Lösungsspruch lautet:

_____

_____

Sieh dir jetzt einmal den Dativ im Satzzusammenhang an!

(1) Cornelia *columbae* cibum apportat.   Cornelia bringt ihrer Taube Futter.
(2) Marcus *amico* librum dat.   Marcus gibt seinem Freund ein Buch.
(3) Natare *mihi* placet.   Schwimmen gefällt mir. / Schwimmen macht mir Spaß.
(4) Pater *filio* respondet.   Der Vater antwortet seinem Sohn.

Häufig tritt der Dativ als **Dativobjekt** auf und antwortet auf die Frage: „Wem?" Dabei bezeichnet er bei transitiven Verben das indirekte (oder entferntere) Objekt (siehe die Beispielsätze 1 und 2), bei intransitiven und unpersönlichen Verben das unmittelbare Objekt (siehe Beispiele 3 und 4).
(Solltest du nicht mehr wissen, was transitive und intransitive Verben sind, so lies noch einmal die Erklärung auf Seite 7.)

Da wirst du geholfen!

9 Versuche dementsprechend die folgenden kurzen Sätze zu übersetzen, die von verschiedenen Tätigkeiten berichten.

Lucius amico donum mittit. _____

Valeria amicae litteram scribit. _____

Cornelia amicae adest. _____

Postea puellae litteris student. _____

Marcus equo approqinquat. _____

Equitare Marco licet. _____

Laborare omnibus prodest. _____

Doch nicht in allen Fällen kommen wir mit der Frage „Wem?" aus, wie du an den folgenden Sätzen sehen kannst!

Non *scholae*, sed *vitae* discimus.	Nicht für die Schule, sondern für das Leben lernen wir.
Pater *liberis* bene consulit.	Der Vater sorgt gut für seine Kinder.
Servus *domino* villam colit.	Der Sklave bewirtschaftet das Landhaus für den Herrn.

Hier kannst du nicht mehr mit dem Fragewort „Wem?" nach dem Dativ fragen, sondern du musst **„Für wen?"** benutzen. In einem solchen Fall tritt der Dativ als **adverbiale Bestimmung** auf und bezeichnet die Person oder Sache, zu deren Voroder Nachteil etwas geschieht (Dativus commodi bzw. incommodi).

10 Versuche unter Beachtung dieser Fragestellung die folgenden kurzen Sätze zu übersetzen.

Servae Rufo cenam parant. _____

Sol omnibus lucet. _____

Homo homini lupus est. _____

Mihi equus est.
Das ist ein harter Brocken. „Mir ist ein Pferd" kann wohl nicht die gültige Übersetzung sein, zeigt jedoch schon in die richtige Richtung. „Mir gehört ein Pferd" wäre schon eine anständige Übersetzung und ist nicht mehr weit von der richtigen Wiedergabe entfernt: Ich habe/besitze ein Pferd.

Nachdem nun die Übersetzung geklärt ist, bleibt noch festzulegen, welches Satzglied der Dativ in solchen Fällen vertritt.

	Mihi	*est*	*equus*
Wortart:	Prädikatsnomen	Kopula	
Satzglied:	Prädikat		Subjekt

> **Merke:** Tritt der **Dativ** zu der Kopula (= Hilfsverb) **esse**, dann wird er zum **Prädikatsnomen** und bezeichnet eine Person, der etwas gehört oder die etwas hat und besitzt. Er trägt deshalb in solchen Fällen die Bezeichnung **Dativus possessivus** (= Dativ des Besitzers). Bei der deutschen Übersetzung wird er häufig zum Subjekt des Satzes.

11 Übersetze nun die folgenden Sätze.

Mihi villa magna est. _____

Marco multae columbae sunt. _____

Cunctis hominibus est similitudo cum deo. _____

_____

12 Lückenfüller gesucht! Versuche mit den folgenden Wörtern sinnvolle Sätze zu bilden. Schreibe jeweils darüber, ob es sich bei dem eingesetzten Dativ um ein **Objekt**, eine **adverbiale Bestimmung** oder um ein **Prädikatsnomen** handelt.

amicae/sorori – patri – Marco/filio – equis cunctis – equis – stabulo – Marco

Mane Marcus surgit, nam _____ cibum dare vult. Statim

_____ appropinquat. Equus albus _____ est,

equus niger _____ . Etiam _____ multi et

praeclari equi sunt. Itaque pater venit et _____ adest.

Sic pater et filius _____ cibum parant.

Kasuslehre: Der Akkusativ

Der Akkusativ ist im Singular fast durchgehend an dem Kasusmorphem (-kennzeichen) *-m* zu erkennen. Das ergibt für die verschiedenen Deklinationsklassen folgende Formen:

	o-Deklination			a-Deklination	konsonantische Deklination	
Nom. Sg.	filius	puer	forum	cena	labor	pater
Akk. Sg.	filium	puerum	forum	cenam	laborem	patrem
Akk. Pl.	filios	pueros	*fora*	cenas	labores	patres

Im Plural ist der Akkusativ zumeist an einem *-s* zu erkennen. Mit Ausnahme der o-/a-Deklination ist er baugleich mit dem Nominativ Plural. (Eine Ausnahme bilden die Wörter, die Neutrum sind. Sie enden stets auf *-a*.)

13 Bilde zu den folgenden Wörtern den Akkusativ Singular und Plural.

	Akkusativ Singular	Akkusativ Plural
arbor	_____	_____
filia	_____	_____
mater	_____	_____
oraculum	_____	_____
dominus	_____	_____

14 Vertausche den Numerus!

magistros _____   *templa* _____

virum _____   *oratores* _____

victorem _____   *pecuniam* _____

vias _____   *equum* _____

15 Störenfriede raus! Schau dir die folgenden Wortreihen an. Es hat sich jeweils ein Wort eingeschlichen, das nicht in die Reihe passt. Begründe deine Wahl.

gallum – interdum – vicum – hortum
filias – dominas – convivas – portas
ancillas – laudas – puellas – aulas
cibos – incolas – ancillas – filios
aedificas – villas – fora – statuas

Marcus Lucium amicum videt.
Lucius amicum salutat.

Marcus sieht seinen Freund Lucius.
Lucius grüßt seinen Freund.

In vielen Sätzen tritt der Akkusativ als **Akkusativobjekt** auf, d. h., er gibt an, auf wen oder was die Handlung des Verbs zielt. Um dies erkennen zu können, fragt man nach diesem Satzglied auch: **„Wen oder was?"**

16 Versuche dementsprechend die folgenden kurzen Sätze zu übersetzen.

Cornelia forum intrat. _____

Ibi amicas videt. _____

Amicae templa spectant. _____

Amicae cibos gustant. _____

Lucius Romam properat.
Marcus ad circum currit.

Lucius eilt nach Rom.
Marcus läuft zum Zirkus.

Der Akkusativ kann daneben auch als **adverbiale Bestimmung** auftreten und die **Richtung** angeben. Dabei antwortet er auf die Frage: **„Wohin?"**. Diese Richtungsfunktion wird häufig durch **Präpositionen** unterstützt. Diese Präpositionen solltest du kennen:

ad	zu, an, bei, nach	**sub**	unter
in	in ... hinein, gegen	**praeter**	an ... vorbei, außer
per	durch		

Sofern größere Städte als Richtungsangabe genannt werden, entfällt der Gebrauch der Präposition.

17 Übersetze die folgenden Sätze.

Dominus per forum ad thermas festinat. ___

Marcus per portam thermas intrat. ___

Servi cibos in thermas portant. ___

Multi servi praeter viros properant. ___

Servi totum diem laborant. ___

Sicher hast du festgestellt, dass du den letzten Satz ohne Mühe übersetzen kannst. Doch wie musst du hier nach *totum diem* fragen? „Wen oder was" arbeiten die Sklaven? So kann die Frage nicht lauten. Auch nicht: „Wohin" arbeiten die Sklaven? Helfen kann dir hier nur **„Wie lange?"**. Damit hast du vorläufig auch schon die letzte Funktion (Aufgabe) des Akkusativs vor dir. Er gibt auf die Frage „Wie lange?" als **adverbiale Bestimmung** die **zeitliche Ausdehnung** an.

18 Helfer gesucht! Versuche mit den folgenden Wörtern und Wortverbindungen sinnvolle Sätze zu bilden. Übersetze diese. Gib jeweils an, welches Satzglied der Akkusativ vertritt. Doch Vorsicht: Nicht alle Sätze brauchen eine Ergänzung!

gallum – totum diem – equos – horas multas – ad amicam – templum – ancillas – in campum

Übersetzung:

Lucius _____ ambulat. _____

Satzglied: _____

Equi _____ currunt. _____

Satzglied: _____

Liberi _____ non timent. _____

Satzglied: _____

Domina _____ dolet. _____

Satzglied: _____

Cornelia _____ properat. _____

Satzglied: _____

Quintus _____ intrat. _____

Satzglied: _____

Gallus _____ canit. _____

Satzglied: _____

Pueri _____ terrent. _____

Satzglied: _____

Domina _____ vituperat. _____

Satzglied: _____

Convivae _____ laeti sunt. _____

Satzglied: _____

Orator _____ tacet. _____

Satzglied: _____

19 Sieh dir die kleine Bildfolge an. Welches Bild gehört zu welchem Satz? Nummeriere die Bilder in der richtigen Reihenfolge und übersetze dann. Hauptfigur der kleinen Handlung ist ein streitbarer Germane mit Namen Denkmaal (lat. Denkmaalus), der den Römern immer wieder Schwierigkeiten bereitet.

1. *Denkmaalus ad castra Romanorum currit.* – _____

2. *Denkmaalus praeter castra Romanorum ambulat.* – _____

3. *Subito in castra Romanorum currit.* – _____

4. *Denkmaalus Romanos per portam agit.* – _____

5. *Romani sub arbores silvae fugiunt.* – _____

DER OLYMPIASIEGER

4. Die lateinischen Kasus

Kasuslehre: Der Ablativ

Im Ablativ Singular enden die Wörter der Deklinationen, die einen Vokal als Stammauslaut haben, auf ebendiesem Vokal, wobei dieser stets lang ist. Dieser Vokal ist es auch, nach dem die jeweilige Deklinationsklasse bezeichnet wird. Die Wörter der o-Deklination enden deshalb auf einem langen *-o*, die der a-Deklination auf einem langen *-a*. Die Wörter der konsonantischen Deklination hängen an den Konsonanten, auf den der Stamm endet, ein kurzes *-e* an.

	o-Deklination			a-Deklination	konsonantische Deklination	
Nom. Sg.	filius	puer	forum	cena	labor	pater
Abl. Sg.	fili-**o**	puer-**o**	for-**o**	cen-**a**	labor-**e**	patr-**e**
Abl. Pl.	fili-**is**	puer-**is**	for-**is**	cen-**is**	labor-**ibus**	patr-**ibus**

Im Plural bilden die o- und a-Deklination den Ablativ auf *-is*, die konsonantische bildet ihn auf *-ibus*. Die Formen stimmen immer mit denen des Dativs überein.

1 Bilde zu den folgenden Wörtern den Ablativ Singular und Plural.

	Ablativ Singular	Ablativ Plural
arbor		
filia		
mater		
oraculum		
dominus		

2 Hin und Her! Vertausche den Numerus!

magistro _____   templis _____

viro _____   oratoribus _____

victore _____   pecuniis _____

viis _____   equo _____

3 Wo sind die Ablative? Unterstreiche bei den folgenden Wörtern alle Ablative.

filio – ego – dominis – legis – laudo – servi – puero – cena – equis – rego – periculis – patribus – matris – villa – incolo – labore – hortis – morbo – impero – fabulis – victoribus – periculo – gallis – doloribus – laboro – amoris – asinis – mortis – cibo – patris – equito – monere – terrore

Der Ablativ ist der große Mischkasus. In ihm sind drei ursprünglich selbstständige Kasus zusammengeflossen. Daraus ergibt sich eine große Bandbreite von Verwendungsmöglichkeiten. In dem, was er alles ausdrücken kann, ist er der Olympiasieger unter den Kasus. Wir wollen uns deshalb auch die fünf olympischen Ringe zu Hilfe nehmen, um die vielfältigen Bedeutungsbereiche des Ablativs in überschaubare Gruppen aufzuteilen. Mit den folgenden Fragen müsstest du das, was jeweils ausgedrückt werden soll, immer schnell entschlüsseln können.

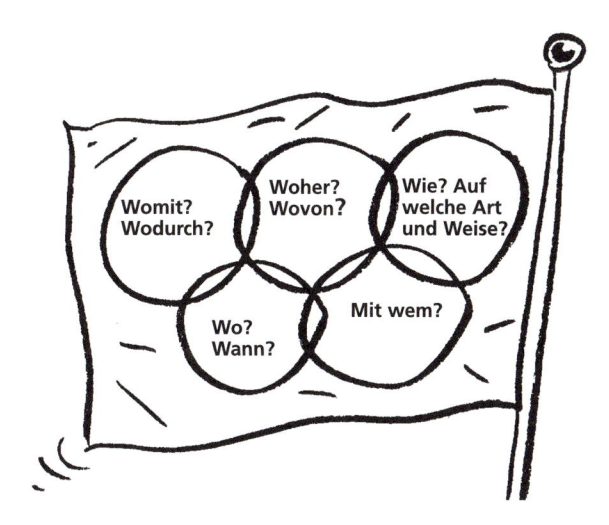

Diese Fragen weisen jeweils auf einen bestimmten **Bedeutungsbereich** des Ablativs hin:

womit? wodurch?	Mittel oder Werkzeug	(lat.: instrumentalis)
woher? wovon?	Trennung/Ausgangspunkt/Herkunft	(lat.: separativus)
wie?	Art und Weise	(lat.: modalis)
wo?	Ort	(lat.: locativus)
wann?	Zeitpunkt	(lat.: temporalis)
mit wem?	Begleitung	(lat.: sociativus)

Häufig wird der Ablativ auch mit **Präpositionen** verbunden; die wichtigsten sind:

cum	mit	**sine**	ohne	**in**	in (wo?)
ex	aus	**de**	von ... herab, über	**sub**	unter (wo?)

Kein anderer Kasus kann so viel ausdrücken wie der Ablativ. Als **Satzglied** jedoch erfüllt er in der Regel immer dieselbe Aufgabe: Es liegt jedes Mal eine **adverbiale Bestimmung** vor.

4 Versuche nun mit Hilfe der Fragen und der Bedeutung der Präpositionen die folgenden Sätze vom Leben in einer *villa rustica* zu übersetzen. Gib jedes Mal an, was der Ablativ in den einzelnen Sätzen ausdrückt (= Bedeutungsbereich)!

1. Liberi et servi hora prima surgunt.
2. Lucius Marcusque cum amicis ad scholam in vico vicino festinant.
3. Marcus magno cum labore verba Graeca discit.
4. Servi in agro laborant.
5. Nonnulli servi equos in campo custodiunt.
6. Equi magna cum celeritate currunt.
7. Subito lupus in campo est.
8. Servi hastis longis lupum arcent.
9. Tum equos e cdmpo in stabulum ducunt.
10. Post scholam liberi domum migrant.
11. Liberi sub arbore magna considunt.
12. Marcus in arbore sedet.

5 Wenn du diese Sätze alle fehlerfrei geschafft hast, kannst du versuchen die folgenden Wörter und Wortverbindungen im Ablativ in die darunterstehenden Sätze einzubauen. Übersetze dann die vollständigen Sätze.

octava hora – magna cum diligentia – dono – gladiis – pecunia – incendio

Alii Gladiatores alios _____ necant.

_____

Amicus amicum _____ delectat.

_____

Servi iterum iterumque dominum _____ spoliabant.

_____

Vilicus villam _____ curat.

_____

Interdum viri scelesti aedificia _____ delebant.

_____

Rufus _____ redit.

_____

6 Sicherlich erinnerst du dich noch an unseren mutigen kleinen Germanen Denkmaal(us). Auch an dieser Stelle möchte er deine Kenntnisse der Präpositionen noch einmal testen. Ordne jeweils einen Satz den darunterstehenden Zeichnungen zu und nummeriere die Bilder entsprechend.

1. *Denkmaalus in silva est.* – _____

2. *Ibi cum amicis Romanos exspectat.* – _____

3. *Subito nonnulli Romani sine centurione silvam intrant.* – _____
_____

4. *Romani sub arboribus densis stant et disputant.* – _____
_____

5. *Denkmaalus et amici de arboribus desiliunt et Romanos opprimunt.* – _____
_____

6. *Romani e silva fugiunt.* – _____

Kasuslehre: Der Vokativ

Die lateinische Sprache verfügt mit dem Vokativ über einen eigenen Kasus, um jemanden anzureden. Die Formen des Vokativs sind größtenteils baugleich mit denen des Nominativs. Eine Ausnahme bilden die Substantive der o-Deklination auf *-us*, die im Vokativ in der Regel auf *-e* enden (Beispiel: Marcus → Marce), mitunter auch auf *-i*, wenn der Stamm verkürzt wird (Beispiel: Lucius → Luci). Das ergibt für die verschiedenen Deklinationsklassen folgende Formen:

	o-Deklination				*a-Deklination*	
Nom. Sg.	dominus	filius	puer	forum	Iulia	poeta
Vokativ Sg.	domine	fili	puer	forum	Iulia	poeta
	– Herr!	– Sohn!	– Junge!	– Forum!	– Julia!	– Dichter!
Vokativ Pl.	domini	filii	pueri	fora	---	poetae

konsonantische Deklination	
venator	pater
venator	pater
– Jäger!	– Vater!
venatores	patres

Im Plural entspricht der Vokativ immer dem Nominativ Plural.

Du kannst einen Vokativ im Text leicht aus dem Zusammenhang heraus erkennen, denn er wird immer durch ein Komma oder durch Kommata vom übrigen Satz abgetrennt.
Durch diesen Kasus wird eine besondere Hinwendung zum Gegenüber, sei es durch Anrede, Anruf, Ausruf, sei es durch Wünsche oder Fragen, ausgedrückt.

7 Übersetze folgende Sätze ins Deutsche. Der Onkel ist mit Marcus, Lucius, Rufilla und Cornelia aufs Forum von Pompeji gegangen, das voll von Menschen ist. Plötzlich hat er die Kinder aus den Augen verloren. Er ruft:

„Ubi estis, Marce Lucique? – _____

Cornelia, Rufilla, venite! – _____

Cur non venitis, pueri puellaeque? – _____

O forum, cur tam magnum es? – _____

Mehercle, cur liberi non veniunt?" – _____

EIN WICHTIGER MITSPIELER

5. Das Adjektiv

1 Adjektive können in vielfacher Form in einem Satz auftreten. Sieh dir die folgenden Sätze an und versuche jeweils zu bestimmen, welches Satzglied sie vertreten.

1. Multi amici adsunt.   Viele Freunde sind anwesend.
2. Templa praeclara sunt.   Die Tempel sind hochberühmt.
3. Marcus dominus bonus est.   Marcus ist ein guter Herr.
4. Bonum semper non vincit.   Das Gute siegt nicht immer.

Wie du sicherlich erkannt hast, erscheinen Adjektive im Satz hauptsächlich als **Attribut** (Sätze 1 und 3) und als **Prädikatsnomen** (Satz 2). Daneben kann ein Adjektiv aber auch **substantiviert** werden – d. h., aus dem Adjektiv wird ein Substantiv gemacht (Satz 4: das Gute) – und übernimmt dann als Satzglied dieselben Aufgaben wie ein Substantiv.

2 Die erste Gruppe von Adjektiven, die wir hier behandeln, gehört der o- und a-Deklination an.
Versuche in diesem Sinne die folgenden Tabellen auszufüllen! Solltest du damit Schwierigkeiten haben, sieh dir noch einmal die Tabellen im 3. und 4. Kapitel an!

Nom. Sg.	bonus	bona	bonum
Gen. Sg.			
Dat. Sg.			
Akk. Sg.			
Abl. Sg.			

Nom. Pl.	*boni*		
Gen. Pl.			
Dat. Pl.			
Akk. Pl.			
Abl. Pl.			

Nom. Sg.	pulcher	pulchra	pulchrum
Gen. Sg.			
Dat. Sg.			
Akk. Sg.			
Abl. Sg.			

Nom. Pl.			
Gen. Pl.			
Dat. Pl.			
Akk. Pl.			
Abl. Pl.			

Zwischen dem Adjektiv und seinem Beziehungswort besteht **KNG-Kongruenz**, d.h., die beiden Wörter müssen in **Kasus**, **Numerus** und **Genus** miteinander übereinstimmen.

3 Partner gesucht! Ergänze jeweils die entsprechende Form von bonus, bona, bonum als Attribut.

puella _____	facta _____	equos _____
amicam _____	feminarum _____	amico _____
servae _____	pueri _____	vinorum _____
incolae (!)* _____	agricolis _____	patris _____
matribus _____	oratori _____	victorum _____
custodem _____	regum _____	imperatores _____

* Beachte das Genus!

Sollten dir einige Wörter unbekannt sein, so sieh im Wörterverzeichnis deines Lehrbuches nach, damit du die Formen fehlerfrei bilden kannst.

4 Falschspieler raus! Bei den folgenden Verbindungen aus jeweils zwei Wörtern haben sich leider etliche Fehler eingeschlichen. Versuche sie herauszufinden!

amico bono	periculis magnis	puellarum pulchrum
patri boni	agricola bona	matrum bonum
amicae laetae	arbore alto	laboris novis
amorem novam	incolas multas	horti magni

MARKUS WIRD ERSCHRECKT

6. Indikativ Präsens Passiv

Antike „Lego"-Bausteine haben dir im 2. Kapitel geholfen, den Indikativ Präsens Aktiv zu bilden. Auch das Passiv wird nach dem Baukasten-System gebildet. Du musst dir sechs neue Personalmorpheme (= -kennzeichen) merken:

-or -ris -tur -mur -mini -ntur

Diese werden an den Stamm der Verben angehängt. Das ergibt für die Verben der a- und e-Konjugation im Präsens folgende Formenreihen:

laud-or   lauda-ris   lauda-tur   lauda-mur   lauda-mini   lauda-ntur
mone-or   mone-ris   mone-tur   mone-mur   mone-mini   mone-ntur

1 Setze folgende Verbformen in die entsprechende Form des Passivs. Schau genau, um welche Person und welchen Numerus es sich jeweils handelt.

| videmus | terreo | docet | curas | praebent |

| rogatis | dant | excitamus | laudo | moves |

| occupat | retineo | implent | manetis | dono |

Das Passiv stellt – neben dem Aktiv – die zweite Handlungsart des Verbs (Genus verbi) dar. Mit ihr wird ausgedrückt, dass ein Subjekt (Person oder Sache) von der Aussage bzw. Handlung eines Verbs betroffen wird.

Marcus terretur.   **Marcus wird erschreckt.**

In unserem Beispielsatz steht Marcus im Mittelpunkt. Er ist derjenige, der von der Handlung des Verbs betroffen wird. (Das Wort Passiv ist vom Verb *pati* abgeleitet und bedeutet „etwas erleiden", „von etwas betroffen werden".)

2 Zerlege die folgenden Passivformen in die Bestandteile **Verbstamm** und **Personalmorphem** und bestimme sie.

excita|ntur   incitaris   visitor   videmini

3. Pers. Pl.   _____   _____   _____

rogor   retinemini   terreris   portamur

_____   _____   _____   _____

movemur   impletur

_____   _____

Bestimmt hast du diese Übung ohne große Fehler erledigen können. Gut gemacht!

Leicht wirst du dir auch die Form des **Infinitivs Präsens Passiv** merken können. Er endet an Stelle von **-re** auf **-ri**. Der Infinitiv Präsens Passiv von *laudare* lautet also *laudari* und aus *monere* wird *moneri*.

Doch nun zurück zu unserem Beispielsatz.

Marcus terretur. **Marcus wird erschreckt.**

Von wem Marcus erschreckt wird, wird in unserem Satz nicht ausgesagt. Der Verursacher ist also anonym, nicht genannt. In einem solchen Fall kannst du den lateinischen Satz im Deutschen auch auf zwei andere Arten wiedergeben:

1. mit dem **unpersönlichen Aktiv** (= man):

Marcus terretur. **Man erschreckt Marcus.**

2. **reflexiv**, d. h., der Betroffene ist in diesem Falle gleichzeitig auch Urheber des Geschehens:

Marcus terretur. **Marcus erschreckt sich (erschrickt).**

Wenn der **Urheber**/der **Veranlasser** genannt wird, so wird dieser mit Hilfe der Präposition *a/ab* mit nachfolgendem Ablativ in den Satz eingefügt. Nehmen wir einmal an, dass Lucius seinen Freund Marcus erschreckt hat, so lautet der entsprechende Satz:

Marcus a Lucio terretur. **Marcus wird von Lucius erschreckt.**

Wird dieser Urheber nicht durch eine Person dargestellt, sondern durch eine Sache – in unserem Beispiel könnte sich Marcus ja auch über seinen eigenen Schatten erschrecken –, so erscheint der reine Ablativ. Also:

Marcus umbra terretur. **Marcus wird von seinem Schatten erschreckt.**

oder reflexiv:

Marcus umbra terretur. **Marcus erschrickt über seinen Schatten.**

3 Nach so viel Erläuterung versuche nun einmal selbst, die folgenden kleinen Beispielsätze sinnvoll wiederzugeben.

In der Schule

1. *Marcus et Lucius ad scholam migrant.* – _____

2. *Marcus: „Libenter in scholam eo.* – _____

3. *Semper a magistro fabulis novis delectamur."* – _____

_____

4. *Lucius respondet: „Tu saepe laudaris, ego a magistro semper vituperor.* – _____

_____

5. *Itaque magister a me timetur."* – _____

6. *Subito Marcus et Lucius a magistro vocantur.* – _____

7. *„Marce, Luci, festinate!* – _____

8. *A me monemini, quod tardi estis!"* – _____

9. *Lucius: „Nunc et tu a magistro moneris!"* – _____

Auch die Formen der **i-**, **gemischten** und **konsonantischen Konjugation** folgen mit den dir vom Aktiv her bekannten Besonderheiten (siehe S. 14–15) unserem Baukasten-Prinzip.

i-Konjugation	*gemischte Konjugation*	*konsonantische Konjugation*
audi-or	capi-or	trah-or
audi-ris	cape-ris	trah-e-ris
audi-tur	capi-tur	trah-i-tur
audi-mur	capi-mur	trah-i-mur
audi-mini	capi-mini	trah-i-mini
audi-u-ntur	capi-u-ntur	trah-u-ntur

Die **Infinitive** lauten:

audi-ri	capi	trah-i

4 Bilde zu den folgenden Verbformen des Aktivs jeweils die entsprechende des Passivs.

fugiunt   opprimitis   ducit   contemnimus

_____   _____   _____   _____

recipis   pono   fallis   legunt

_____   _____   _____   _____

dimittitis   vincio

_____   _____

5 Übersetze zum Abschluss den folgenden kurzen Text.

Marcus ab Lucio amico invitatur. Villae Lucii appropinquat, porta patet, servus apparet et dicit: „Iam diu exspectaris." Tum Lucius et Aemilia amica arcessuntur. Marcus magno cum gaudio salutatur. Lucius: „Valde gaudemus! Tu quidem nos visitas, a te quidem non neglegimur! Parentes nostri enim saepe non nos curant. Pater semper ab amicis avocatur, mater totum diem negotiis occupatur. Itaque tu a nobis semper libenterque exspectaris."

ZEITREISE MIT DEM D-VW

7. Indikativ Imperfekt Aktiv und Passiv

Das lateinische Imperfekt wird ebenfalls nach dem dir schon gut bekannten Baukasten-System zusammengesetzt. Bei der **a-** und **e-Konjugation** sieht das folgendermaßen aus:

| **Präsensstamm des Verbs** | + | **Tempusmorphem des Imperfekts -ba-** | + | **Personalmorphem** (*-m*, *-s*, *-t*, *-mus*, *-tis*, *-nt*) |

1 Versuche nach diesem Muster die Formen des Indikativs Imperfekt Aktiv für die folgenden Verben zu bilden:

	lauda-re	ama-re	fle-re	mane-re
1. Sg.				
2. Sg.				
3. Sg.				
1. Pl.				
2. Pl.				
3. Pl.				

Eine Sonderstellung nimmt das Hilfsverb *esse* ein. Bei ihm erkennst du das Imperfekt an dem Stamm **era** + **Personalmorphem**, also:

era-m   era-s   era-t   era-mus   era-tis   era-nt

2 Reise in die Vergangenheit und zurück – wechsle die Tempora! Übertrage dafür folgendes Schema in dein Heft.

Präsens	*laboratis*		*docent*		*temptas*
Imperfekt		*eramus*		*habitabatis*	

Präsens		*deleo*		*adsum*	
Imperfekt	*debebatis*		*narrabamus*		*necabant*

Präsens	*pugnat*		*visito*		*cogitatis*
Imperfekt		*solebatis*		*aderas*	

Das lateinische Imperfekt bezeichnet Handlungen der Vergangenheit und wird im Deutschen mit dem Präteritum wiedergegeben. Beispiele: ich ging, er arbeitete, wir riefen

3 Übersetze die Imperfektformen, die du in Übung 2 gebildet hast.

Betrachte nun die folgenden Sätze:

Viri magistrum interrogabant.   Die Männer befragten den Meister.
Magister tacebat.   Der Meister schwieg.

Auch in diesen Sätzen wird ausgesagt, dass das mitgeteilte Geschehen in der Vergangenheit spielt. Aber das Imperfekt hat noch weitere Aufgaben zu erfüllen. Folgendes kann mit ihm zusätzlich ausgedrückt werden:

1. die **Dauer** von Vorgängen:

Viri magistrum interrogabant.   Die Männer befragten den Meister *lange*.
Magister tacebat.   Der Meister schwieg *lange*.

2. die **Wiederholung** von Handlungen:

Viri magistrum interrogabant.   Die Männer befragten den Meister *immer wieder*.

Magister tacebat.   Der Meister schwieg *immer wieder*.

3. der **Versuch**:

Viri magistrum interrogabant.   Die Männer *versuchten*, den Meister *zu befragen*.

Magister tacebat.   Der Meister *versuchte zu schweigen*.

Du siehst, das lateinische Imperfekt bietet eine große Bandbreite an Ausdrucksmöglichkeiten. Dabei bestimmt immer der **Textzusammenhang**, was tatsächlich ausgesagt werden soll (**Dauer**, **Versuch** oder **Wiederholung**). Du kannst dir die Übersetzungsmöglichkeiten gut mit der Abkürzung **DVW** merken oder auch mit dem irrwitzigen Satz:

Peter *versuchte lange immer wieder* das Pferd zu besteigen!

4 Entscheide dich bei den folgenden Beispielsätzen für eine der Möglichkeiten.

Nach zehn Jahren Belagerung verließen die Griechen endlich den Strand von Troja, ließen nur ein Pferd und einen verschlagenen Mann mit Namen Sinon zurück. Diesen fanden die Trojaner:

Troiani Sinonem interrogabant. – _____

Obwohl Aeneas nach dem Fall von Troja für die verbliebenen Trojaner eine neue Heimat in Italien suchen sollte, hielt er sich schon lange in Carthago bei der Königin Dido auf. Auf Befehl Jupiters sollte er nun endlich weiterfahren, aber:

Dido Aeneam retinebat. – _____

Auf der Weiterfahrt gingen Aeneas und seine Begleiter häufig an Land:

Ibi Aeneas et Troiani multa pericula subire debebant. – _____

Ganz ähnlich wie bei der a- und e-Konjugation sind die Formen für die Verben der **i-, konsonantischen** und **gemischten Konjugation** gebildet. An Stelle des Imperfektmorphems *-ba-* tritt hier ein **-eba-** auf.

5 Versuche dich auch hier wieder als Baumeister!

Konj.-Klasse:	i- audi-re	konsonantische trah-e-re	gemischte fug(i)-e-re
1. Sg.	audiebam	trahebam	fugiebam
2. Sg.	audiebas	trahebas	fugiebas
3. Sg.	audiebat	trahebat	fugiebat
1. Pl.	audiebamus	trahebamus	fugiebamus

Konj.-Klasse:	i- veni-re	konsonantische lud-e-re	gemischte cap(i)-e-re
1. Sg.	veniebam	ludebam	capiebam
2. Sg.	veniebas	ludebas	capiebas
3. Sg.	veniebat	ludebat	capiebat
1. Pl.	veniebamus	ludebamus	capiebamus
2. Pl.	veniebatis	ludebatis	capiebatis
3. Pl.	veniebant	ludebant	capiebant

6 Bilde aus den folgenden Teilen möglichst viele Verbformen und übersetze sie. 12 solltest du auf jeden Fall finden.

curr		m
aber	---	s
audi	-eba-	t
para	-ba-	mus
debe	-a-	tis
capi		nt

Die Formen des **Imperfekts Passiv** sind nach dem bekannten Baukastensystem ebenfalls ganz einfach zusammengesetzt:

a-Konjugation	e-Konjugation	i-Konjugation	kons. Konj.	gemischte Konj.
lauda-ba-**r**	mone-ba-**r**	audi-eba-**r**	fall-eba-**r**	capi-eba-**r**
lauda-ba-**ris**	mone-ba-**ris**	audi-eba-**ris**	fall-eba-**ris**	capi-eba-**ris**
lauda-ba-**tur**	mone-ba-**tur**	audi-eba-**tur**	fall-eba-**tur**	capi-eba-**tur**
lauda-ba-**mur**	mone-ba-**mur**	audi-eba-**mur**	fall-eba-**mur**	capi-eba-**mur**
lauda-ba-**mini**	mone-ba-**mini**	audi-eba-**mini**	fall-eba-**mini**	capi-eba-**mini**
lauda-ba-**ntur**	mone-ba-**ntur**	audi-eba-**ntur**	fall-eba-**ntur**	capi-eba-**ntur**

Natürlich kann das Imperfekt im Passiv auch dasselbe aussagen (Dauer, Versuch, Wiederholung) wie im Aktiv.
Damit stehen dir für die Zeitreise in das Imperfekt zwei Raketen zur Verfügung:

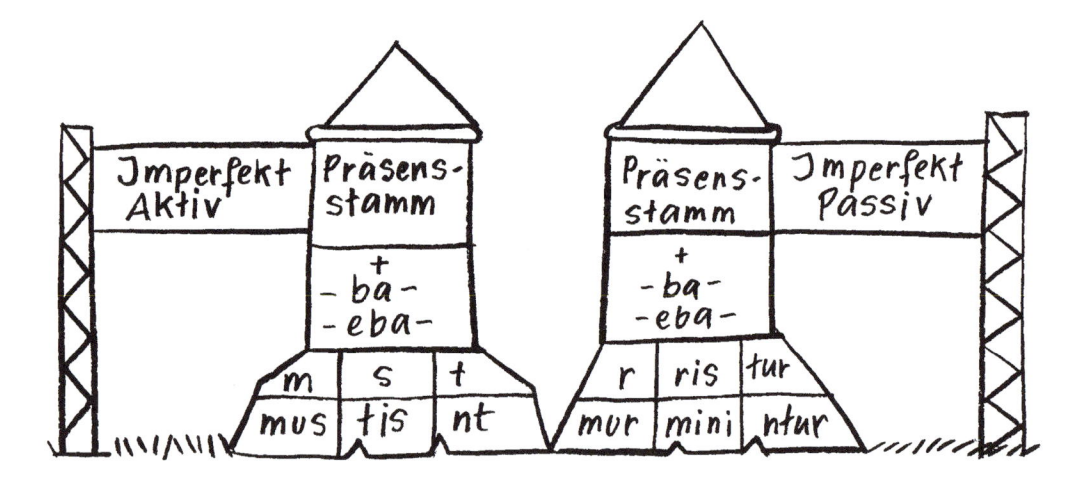

7 Übersetze den folgenden Text und versuche das Imperfekt so wiederzugeben, dass deutlich wird, was jeweils gemeint ist! **(DVW!)**

Aeneas narrat: „Terra nova, quae nobis a Iove promittebatur, a me multis locis quaerebatur. Pericula multa a nobis sucipiebantur. Multae naves delebantur et multi socii in itineribus interficiebantur. Iterum iterumque Iuno nos a patria nova retinebat. Tandem in Italia multa post proelia consedimus."

Wichtig ist, dass du nach der Behandlung des Perfekts (im folgenden Kapitel) dort die Abschlussbemerkung genau beachtest!

REISE IN DIE VERGANGENHEIT

8. Indikativ Perfekt Aktiv und Passiv

Neben dem Imperfekt ist das Perfekt eine andere wichtige Vergangenheitsform. Während im Deutschen die Formen des Indikativs Perfekt Aktiv mit einem Hilfszeitwort und dem Partizip Perfekt Passiv gebildet werden (z. B. ich habe gelernt), gibt es im Lateinischen für diese Aussageform nur Einwortformen. Dafür bedient sich der Römer wieder seines Baukastensystems. Die Personalmorpheme (= -kennzeichen) für den Indikativ Perfekt Aktiv lauten:

> -i -isti -it -imus -istis -erunt

Diese Endungen werden an den **Perfekt-Aktiv-Stamm** angehängt. Doch: Wie sieht dieser Perfektstamm aus? Die meisten Verben der a-Konjugation und i-Konjugation hängen an den Präsens-Aktivstamm ein **-v-** an und schließen dann die Personalmorpheme an. Deshalb nennt man diese Art der Perfektbildung auch **v-Perfekt**. Entsprechend lauten die Formen des Indikativs Perfekt Aktiv von *laudare* und *audire*:

lauda-v-i	lauda-v-isti	lauda-v-it	lauda-v-imus	lauda-v-istis	lauda-v-erunt
audi-v-i	audi-v-isti	audi-v-it	audi-v-imus	audi-v-istis	audi-v-erunt

Bei den Verben der **e-Konjugation** wird der Perfektstamm dagegen oft mit Hilfe eines *-u-* gebildet. Dazu nimmt man den Wortstock des Präsensstammes (z. B.: *monere* → *mon-*), fügt das *-u-* ein und hängt dann die Personalmorpheme an. Das ergibt:

mon-u-i   mon-u-isti   mon-u-it   mon-u-imus   mon-u-istis   mon-u-erunt

Und was geschieht mit den Formen von **esse** im Perfekt? Sie bilden ihre Formen mit dem Stamm **fu-** und hängen an diesen die schon bekannten Personalmorpheme an:

fu-i   fu-isti   fu-it   fu-imus   fu-istis   fu-erunt

Der **Infinitiv Perfekt Aktiv** wird mit dem Morphem *-isse* gebildet. Für die oben verwendeten Verben ergibt das folgende Infinitive:

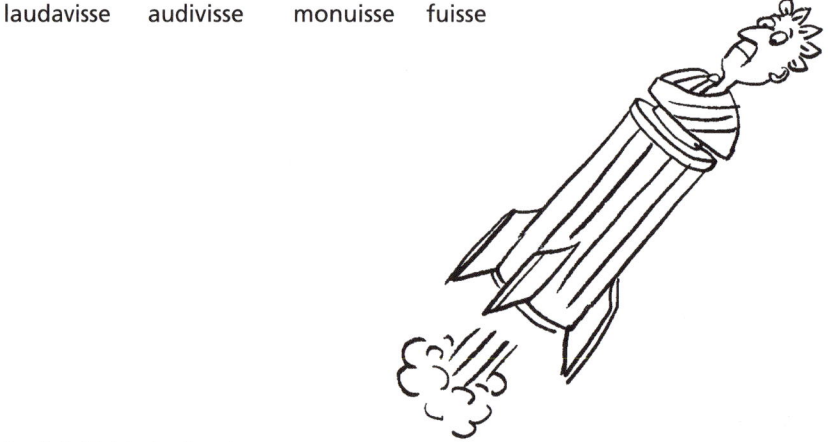

laudavisse   audivisse   monuisse   fuisse

So, jetzt bist du dran!

1 Ab geht es in die Vergangenheit! Bilde zu den folgenden Präsensformen jeweils die entsprechende Perfektform und zerlege diese dann in Perfekt-Aktiv-Stamm und Personalendung.

voco	*estis*
desum	*terremus*
oboediunt	*dormio*
timent	*adsunt*
imperant	*invitatis*
intras	*sepelis*

Für die übrigen Konjugationsklassen gibt es keine festen Regeln bei der Perfektbildung. **Bei ihnen musst du die Formen für jedes Verb gesondert lernen!**
Man unterscheidet das **s-Perfekt** (z. B. *dicere* → [statt dic-s-i] *dixi*), das **Reduplikationsperfekt** (oft mit gleichzeitiger Änderung des Stammvokals; z. B.: *dare* → *dedi*), das **Ablaut-Perfekt** (z. B. *facere* → *feci*), das **Dehnungsperfekt** (z. B.: *legere* → *legi*) und das **Stammperfekt** (d. h., der Perfektstamm ist gleich dem Präsensstamm; z. B.: *defendere* → *defendi*)

2 Zurück in die Gegenwart! Bilde zu den folgenden Perfektformen jeweils die entsprechende Präsensform.

venisti	*quaesivimus*
fecit	*fefellimus*
cucurri	*dixit*
vidi	*dederunt*
cecinit	*scripsisti*
deleverunt	*cepi*

3 Wer hier stört, fliegt raus! Welche Form passt jeweils nicht in die Vierergruppe? Begründe deine Entscheidung!

audivimus – habuimus – ducimus – fuimus
vidi – servi – tacui – cecini
fecit – intravit – duxit – capit
audimus – monuimus – defendimus – misimus

Damit hast du schon viel über die Formen gelernt, aber wie werden diese im Textzusammenhang **übersetzt**? Sieh dir die folgenden Sätze an. In jedem Satz steht das Prädikat im Perfekt und doch werden die Formen unterschiedlich übersetzt!

Graeci viros in equo ligneo occulta**verunt**. Die Griechen **versteckten** Männer in dem hölzernen Pferd.
„Dolum callidum inven**isti**", „**Du hast** eine schlaue List **erfunden**",
duces Graecorum Ulixem lauda**verunt**. **lobten** die Führer der Griechen Odysseus.

Im Lateinischen steht das **historische (narrative/erzählende) Perfekt**, wenn ein Erzähler Ereignisse und Handlungen schildert, die sich in der Vergangenheit abspielten **und** abgeschlossen sind. Das historische Perfekt wird im Deutschen mit dem Präteritum wiedergegeben. In unseren Beispielsätzen findest du diese Verwendung des Perfekts bei *occultaverunt* und *laudaverunt*. Es handelt sich um Prädikate von erzählenden Sätzen, also werden sie mit dem Präteritum übersetzt. Eine andere Bedeutung des Perfekts liegt dagegen bei der Form *invenisti* vor. Hier wird eine Handlung oder ein Ereignis der Vergangenheit gekennzeichnet, deren Ergebnisse (Resultate) bis in die Gegenwart hineinreichen (= **resultatives Perfekt**) oder über die ein Urteil abgegeben wird (= **konstatierendes Perfekt**). In diesen beiden Fällen wird das lateinische Perfekt auch im Deutschen mit dem Perfekt wiedergegeben. Dieser Fall liegt bei *invenisti* vor: Odysseus' Plan wird von den Führern der Griechen als schlau beurteilt.

4 Übersetze den folgenden Text. Sollten dir Vokabeln unbekannt sein, kannst du sie im Vokabelverzeichnis deines Lehrbuches nachschlagen.

Marcus de Sicilia narrat.

Post ferias magister interrogavit: „Ubi fuisti feriis, Marce?" Marcus: „Cum avunculo in Sicilia fui." Statim Marcus ad tabulam properavit, Siciliam monstravit, ceteris pueris puellisque narravit: „Antiquis temporibus Graeci incolas Siciliae superaverunt et pepulerunt, magna aedificia et templa pulchra aedificaverunt, statuas deorum dearumque collocaverunt. Nomina deorum dearumque in tabulis leguntur. Tum in foris oppidorum multi poetae carmina recitaverunt. In carminibus res gestas virorum proborum celebraverunt. Multa his feriis in Sicilia cum avunculo spectavi, cetera alio tempore spectare cupio."

Der **Indikativ Perfekt Passiv** wird mit Hilfe des **Partizips Perfekt Passiv** und einer **Form von *esse*** gebildet. Die Formen des Partizips Perfekt Passiv werden nicht bei allen Verben nach dem gleichen Bauschema gebildet, sodass du dir – genau wie im Englischen beim *Past Participle* (d. h. der dritten Stammform eines englischen Verbs) – die Mühe machen musst, die Stammformen der Verben zu lernen.

Das Partizip wird der behandelten Person angepasst. (KNG-Kongruenz beachten!) Die Formen für den Indikativ Perfekt Passiv von *laudare* lauten, sofern es sich bei dem, der gelobt worden ist, um einen oder mehrere Jungen handelt, wie folgt:

Sg. laudat**us** sum   laudat**us** es   laudat**us** est
Pl. laudat**i** sumus   laudat**i** estis   laudat**i** sunt

Wenn ein oder mehrere Mädchen gelobt worden sind, sieht die Formenreihe so aus:

Sg. laudat**a** sum   laudat**a** es   laudat**a** est
Pl. laudat**ae** sumus   laudat**ae** estis   laudat**ae** sunt

5 Nenne den Ausgangspunkt der Reise! Bilde zu den folgenden Formen des Perfekts Passiv die jeweils entsprechende Form des Perfekts *Aktiv* und nenne den **Infinitiv Präsens**!

Perfekt Passiv	Perfekt Aktiv	Infinitiv Präsens
vocati sunt		
excitati sumus		
apertae sunt		
ducta sunt		
territa es		
invitatae estis		
dictum est		
spoliatus sum		
monstratum est		
missus sum		

Der **Infinitiv Perfekt Passiv** wird mit dem **Partizip Perfekt Passiv + esse** gebildet. Auch hier gilt das Prinzip der KNG-Kongruenz. Für die oben gewählten Beispielverben ergibt das die Infinitive:

laudatum esse   auditum esse   monitum esse

6 Übersetze den folgenden Text.

Iam audivistis Troiam a Graecis post multos annos captam esse. Tum Ulixes, callidus dux Graecorum, a deis diu in mari agitatus est. Ventis adversis a Troia ad insulam Polyphemi, filii Neptuni dei, appulsus est. Multi socii Ulixis a Polyphemo devorati sunt. Denique Ulixes consilium callidum cepit et Polyphemum caecavit. Tum Polyphemus iratus clamavit: „A quo caecatus sum?" Et Ulixes respondit: „A nullo!" Nam Ulixes Polyphemo dixerat se „neminem" nominatum esse. Denique Ulixes et socii ab ovibus e specu Polyphemi portati sunt.

> **Merke:** Häufig findest du in lateinischen Texten einen Wechsel zwischen Formen des Perfekts und Formen des Imperfekts. Der Römer verwendet das Perfekt, wenn er die Handlung weiterführen will, wenn er angeben will, dass etwas Neues eintritt. Im Perfekt werden die wesentlichen Ereignisse der Haupthandlung berichtet.
> Dagegen wird im Imperfekt vor allem der Hintergrund des Geschehens geschildert.

AB IN DIE ZUKUNFT

9. Indikativ Futur I Aktiv und Passiv

Mit unserer nächsten Rakete starten wir in die Zukunft. Du brauchst nur die richtigen Schaltstufen – und los geht's!
Für die Bildung der Formen des Futurs gibt es einen kleinen Merkspruch, mit dem du dir das, was für dieses Tempus charakteristisch ist – natürlich gilt auch hier das Baukastenprinzip –, leicht merken kannst; er lautet:

> a- und e- mit -b-,
> sonst mit -a- und -e-.

Schau zunächst nur die erste Zeile des Merkspruchs an. Sie besagt, dass die a- und e-Konjugation das Futur mit dem Tempuskennzeichen -b- bilden. Zusätzlich geschieht das auch bei dem Verb *ire*, das du dir also gesondert merken musst. Hinter dem -b- als Tempusmorphem (= -kennzeichen) erscheint bei den Formen, deren Personalendung mit einem Konsonanten beginnt – und das sind alle außer der 1. Pers. Singular -, ein Binde- oder Aussprechvokal. Dieser heißt im Aktiv überall -i-, nur in der 3. Pers. Plural -u-.
Für die Verben *laudare*, *monere* und *ire* ergeben sich also folgende Formenreihen:

lauda-b-**o**	lauda-b-i-s	lauda-b-i-t	lauda-b-i-mus	lauda-b-i-tis	lauda-b-**u**-nt
mone-b-**o**	mone-b-i-s	mone-b-i-t	mone-b-i-mus	mone-b-i-tis	mone-b-**u**-nt
i-b-**o**	i-b-i-s	i-b-i-t	i-b-i-mus	i-b-i-tis	i-b-**u**-nt

Das Hilfsverb *esse* bildet das Futur nur mit dem Bindevokal -i- bzw. -u-:

er-o	er-i-s	er-i-t	er-i-mus	er-i-tis	er-**u**-nt

1 Eindringlinge gesucht! Welche Verbform passt nicht in die Reihe? Warum nicht?

manebit – cogitabit – visitabat – delebit

eris – eras – eramus – eratis

temptabimus – portabimus – placebimus – interrogabimus

ignorabunt – navigabant – probabunt – studebunt

2 Ab in die Zukunft! Bestimme Person und Numerus dieser Verbformen im Präsens und bilde dann die entsprechende Form im Futur.

manes	laboro	absunt	donas

terretis	movemus	potest	cogitamus

adsum	tolerant	adimus	it

Das Futur bezeichnet Vorgänge (Handlungen oder Ereignisse), die sich in der Zukunft abspielen oder fortdauern, und es wird auch im Deutschen mit dem Tempus Futur wiedergegeben.

| Romam visitabimus. | Wir werden Rom besuchen. |
| Victor ero. | Ich werde Sieger sein. |

Ist jedoch im lateinischen Satz zum Futur eine Zeitangabe – z. B. durch Adverbien wie *cras* (= morgen) oder *mox* (= bald) – hinzugefügt, dann wird im Deutschen zumeist das Tempus Präsens gewählt. Also:

| Mox Romam visitabimus. | Bald besuchen wir Rom. (Du kannst auch sagen: Bald werden wir Rom besuchen.) |
| Cras victor ero. | Morgen bin ich Sieger. (Oder: Morgen werde ich Sieger sein.) |

3 Versuche nun die folgenden Sätze zu übersetzen.

Anchises klärt Aeneas in der Unterwelt über die Zukunft auf:

„Tibi duces Romanorum monstrabo. – _____

Tibi uxor Lavinia erit. – _____

Iulus, filius tuus, Albam Longam urbem aedificabit. – _____

_____

Posteri tui gloriam nominis tui augebunt." – _____

_____

Urbes magnae ab iis aedificabuntur et expugnabuntur. – _____

_____

Im letzten Satz ist die 3. Pers. Plural Indikativ Futur **Passiv** von Verben der a-Konjugation verwendet. Wie diese zeigen auch die übrigen Formen des Futurs Passiv der a- und e-Konjugation keine Besonderheiten, nur in der 2. Pers. Singular erscheint (vor *r*) der Bindevokal *-e-* statt *-i-*.

Es ergeben sich also von *laudare* und *monere* folgende Formenreihen:

lauda-b-or   lauda-**b-e**-ris   lauda-b-i-tur   auda-b-i-mur   lauda-b-i-mini   lauda-b-u-ntur
mone-b-or   mone-**b-e**-ris   mone-b-i-tur   mone-b-i-mur   mone-b-i-mini   mone-b-u-ntur

4 Bilde jeweils die entsprechende Passivform.

interrogamus   nuntiat   vides   necant

_____   _____   _____   _____

visitabatis   terrebamus   exspectabat   visito

_____   _____   _____   _____

superatis   timebam   apportant   spolias

_____   _____   _____   _____

Schau dir nun die zweite Zeile unseres Merkspruchs an. Er sagt aus, dass **sonst** (d. h. bei der **i-**, **konsonantischen** und **gemischten Konjugation**) die Formen des Futurs mit **-a-** (in der 1. Pers. Singular) und **-e-** (in allen anderen Personen) gebildet werden.

Das ergibt für *audire*, *tradere* und *capere* folgende Formenreihen:

audi-**a**-m   audi-**e**-s   audi-e-t   audi-e-mus   audi-e-tis   audi-e-nt
trah-**a**-m   trah-**e**-s   trah-e-t   trah-e-mus   trah-e-tis   trah-e-nt
capi-**a**-m   capi-**e**-s   capi-e-t   capi-e-mus   capi-e-tis   capi-e-nt

Im **Passiv** lauten die Formen:

audi-**a**-r   audi-**e**-ris   audi-e-tur   audi-e-mur   audi-e-mini   audi-e-ntur
trah-**a**-r   trah-**e**-ris   trah-e-tur   trah-e-mur   trah-e-mini   trah-e-ntur
capi-**a**-r   capi-**e**-ris   capi-e-tur   capi-e-mur   capi-e-mini   capi-e-ntur

5 Wer hat hier nichts suchen? In jede Reihe hat sich eine Form eingeschlichen, die nicht hineinpasst. Welche ist es? Begründe jeweils deine Entscheidung!

praebes – duces- tenes – pares
veniet – audiet – fugiet – aperit
agemus – trahemus – iubemus – mittemus
agam – serviam – ducam – eram
duces – reges – cades – sedes
duceris – regeris – moneris – ageris
portaberis – haberis – eris – laudaberis
ducunt – erunt – trahunt – sunt

6 Setze jeweils in die entsprechende Futurform.

agimus	custodiris	curris	fugiunt
_____	_____	_____	_____

faciebas	ducebamini	geris	mittor
_____	_____	_____	_____

venitis	premebam	ponunt	muniebatur
_____	_____	_____	_____

7 Sieh dir die folgende Tabelle an und versuche die Lücken zu schließen, indem du auf der waagerechten Ebene die Person und auf der senkrechten Ebene das Tempus beibehältst!

		munies	
			toleraverunt
sum			
	monebat		

8 Wenn du diese Formen alle richtig ergänzt hast, hast du schon viel gelernt und wir können wieder zu Aeneas und seiner Prophezeiung in der Unterwelt zurückkehren. Übersetze die folgenden Sätze:

„Tu Lavinium urbem condes et prognati tui Romam condent. – _____

Romani multos populos sub imperio suo cogent. – _____

Sed vos subiectis parcetis et superbos debellabitis. – _____

Sic Roma caput mundi erit." – _____

DER SIEG IST UNSER!

10. Imperativ

Der Imperativ stellt nach dem Indikativ, mit dem Sachverhalte aus dem Bereich der Wirklichkeit angesprochen werden, eine zweite Aussagemöglichkeit (= Modus) von Verben dar. Mit seiner Hilfe werden **Aufforderungen** und **Befehle** ausgedrückt.
Der **Singular** des Imperativs besteht bei der **a-**, **e-** und **i-Konjugation** aus dem bloßen Verbstamm, bei der **konsonantischen Konjugation** wird an den Stamm ein **-e** angehängt. Dieses **-e** erscheint auch bei der **gemischten Konjugation** und es verdrängt dabei den Erweiterungsvokal **-i**.
Im **Plural** tritt überall die Endung **-te** an den Stamm, wobei bei der **gemischten Konjugation** jetzt wieder der um **-i-** erweiterte Stamm auftritt und bei der **konsonantischen Konjugation** der übliche Bindevokal **-i-** zwischen Stamm und konsonantischer Endung erscheint.

a-Konjugation	e-Konjugation	i-Konj.	gemischte K.	konson. K.	esse
labora!	mone!	audi!	cape!	rege!	es!
laborate!	monete!	audite!	capite!	regite!	este!

> **Merke:** In lateinischen Texten steht wie im Deutschen beim Imperativ häufig das **Ausrufezeichen**!

Verneint wird der Imperativ mit Hilfe von *noli* und *nolite* + **Infinitiv**.

1 Versuche nun den folgenden Text zu übersetzen.

C. Julius Caesar, der große römische Feldherr, versucht erneut seine hervorragenden Soldaten zu einem Kampf gegen das kleine Dorf in der Nordwestecke Galliens anzuspornen.

Caesar dicit: „Audite me, milites, et attenti este! Bono animo este, nam nos hodie vincemus! Credite mihi: victoria nobis erit! Nolite desperare! Nondum superati sumus! Implorate deos pro victoria! Nunc pugnate! Vincite!"

OPTIMALER EINSATZ

11. Das Adverb

Das Adverb gehört immer zu einem Verb (daher auch sein Name: *ad verbum* – zum Verb gehörig) und bestimmt dessen Handeln näher. Es gibt Auskunft auf die Frage: „Auf welche Weise? Wie?". Das Adverb kann nicht verändert werden, es ist unflektierbar.
Während du im Deutschen zwischen einem Adjektiv und einem Adverb als Ergänzungen bzw. Erweiterungen zu einem Prädikat formal keinen Unterschied feststellen kannst, ist das im Lateinischen anders: Hier kannst du die Adjektive und Adverbien an ihrer Endung unterscheiden!

Adverb
Der Junge lernt **fleißig**.
Puer **strenue** discit.

Adjektiv
Der Junge ist **fleißig**.
Puer **strenuus** est.

Die Endung für Adverbien, die sich von einem Adjektiv der **a-/o-Deklination** ableiten, lautet zumeist **-e**. Ausnahmen sind z. B.: *bonus* wird zu *bene*, *falsus* zu *falso*, *rarus* zu *raro*.

1 Wie lauten die Adverbien von folgenden Adjektiven?

acerbus	certus	egregius	divinus
___	___	___	___
fidus	horridus	iniquus	iustus
___	___	___	___
malus	optimus		
___	___		

2 Setze in den folgenden Sätzen jeweils die richtige Form (Adjektiv oder Adverb) ein und übersetze die Sätze dann.

1. Troiani equo ligneo _____ (timidus) appropinquant.

2. Tum prope equum virum _____ (timidus) vident.

3. Vir Graecus Troianis responsa _____ (cautus) dat.

4. Troiani equum ligneum in oppidum _____ (cautus) trahunt.

5. Equus ligneus medio in foro _____ (optimus) cerni potest.

6. Graeci oppidum _____ (bonus) munitum (= befestigt) capiunt, Ulixes dicit:

7. „Ego virum _____ (optimus) in litore reliqui."

DIESE VERFLIXTEN KLEINEN WÖRTER

12. Die Pronomina

Die Interrogativpronomina

Wer kennt sie nicht? Welcher Schüler, welche Schülerin liebt sie nicht, diese Interrogativpronomina? – Denn: Es gibt nur wenige, die man sich merken muss. Du musst zudem nur zwei Besonderheiten beachten:
Es gibt substantivische und adjektivische Interrogativpronomina. Worin unterscheiden sie sich? Ganz einfach: Sieh dir die Eingangsfragen dieses Kapitels an! Dort findest du zwei Fragepronomina, die unterstrichen sind. Während beim ersten Satz das Pronomen „wer" allein steht, gewissermaßen die Position eines Substantivs einnimmt, wird im zweiten Satz das Pronomen „welcher" wie ein Adjektiv (in KNG-Kongruenz) vor das Substantiv „Schüler" gesetzt. Diese Unterscheidung gibt es auch im Lateinischen:

„Quem timetis?" – „Deum."   „Wen fürchtet ihr?" – „Gott."

In diesem Falle steht das Interrogativpronomen allein und wird **substantivisch** gebraucht.

„Quem deum timetis?" –   „Welchen Gott fürchtet ihr?" –
„Unum et magnum deum!"   „Den einen, großen Gott!"

Hier wird durch das Fragepronomen nach einer genaueren Bestimmung Gottes gefragt, die durch die Adjektive *unum et magnum* gegeben wird; das Fragepronomen ist also **adjektivisch** gebraucht.

Wie sehen diese Pronomina nun in der vollständigen Übersicht aus?

substantivisch		*adjektivisch* (= Formen wie die Relativpronomina)					
quis	quid	qui	quae	quod	qui	quae	quae
cuius		cuius			quorum	quarum	quorum
cui		cui				quibus	
quem	quid	quem	quam	quod	quos	quas	quae
quo		quo	qua	quo		quibus	

Sicherlich hast du sofort gesehen, dass einige Formen *(cuius, cui, quem, quo)* sowohl als substantivisches wie auch als adjektivisches Fragepronomen auftreten können. Wie kann man denn nun unterscheiden, was vorliegt, zumal es sich bei vielen der Formen ja auch noch um das Relativpronomen handeln könnte? Ganz einfach: Du musst dir den Satz und den **Textzusammenhang** anschauen!

Cuius viri pietatem Vergilius poeta canit?	Hier erkennst du an dem Fragezeichen, dass es sich bei *cuius* um ein Fragepronomen handelt. Sofern du nun die einzelnen Satzglieder richtig analysierst (wer tut was? → der Dichter Vergil besingt die Frömmigkeit/das Pflichtgefühl), wirst du feststellen, dass *cuius* in **KNG-Kongruenz** zu *viri* steht und daher nur ein adjektivisches Fragepronomen sein kann, also: Wessen Mannes Frömmigkeit (Pflichtgefühl) besingt der Dichter Vergil?
Cuius donum Troiani in oppidum trahunt?	Ohne große Schwierigkeit siehst du auch hier an dem Fragezeichen sofort, dass *cuius* Fragepronomen ist. Allerdings ist es jetzt im Genitiv an *donum* angehängt. Es besteht **keine KNG-Kongruenz**, also ist es als substantivisches Fragepronomen gebraucht. Als Übersetzung ergibt sich somit: Wessen Geschenk ziehen die Trojaner in ihre Stadt?

1 Genauso wie die Beispielsätze es für den Genitiv aufgezeigt haben, musst du bei den anderen doppeldeutigen Formen des Fragepronomens vorgehen. Versuche es nun einmal allein!

Cui Troiani in litore fidem habent? _____

Cui deo Aeneas imprimis fidem habet? _____

Quem fabulam Aeneas Didoni narrat? _____

Quem Aeneas in Italia in matrimonium ducit? _____

A quo equus ligneus aedificatur? _____

A quo Graeco Troiani decipiuntur? _____

Das Relativpronomen

1. Der Hirte, der Romulus und Remus bei einer Wölfin fand, hieß Faustulus.
2. Der Hirte, dessen Frau von dem „Fund" ihres Mannes sehr überrascht war, wohnte in einer kleinen Hütte.
3. Die Jungen, denen die ganze Zuneigung des Hirten und seiner Frau galt, waren später die Gründer Roms.
4. Die Wölfin, die Romulus und Remus aufnahm, ist heute das Wahrzeichen Roms.

2 Schau dir die oben stehenden deutschen Beispielsätze genau an! Unterstreiche jeweils das Relativpronomen und sein Beziehungswort! Worin besteht Übereinstimmung zwischen diesen beiden?

Bestimmt hast du festgestellt, dass zwischen dem Relativpronomen und seinem Beziehungswort nur eine Übereinstimmung im **Numerus** und **Genus**, d. h. **NG-Kongruenz**, nicht aber auch eine Übereinstimmung im Kasus vorliegen muss. Genauso verhält es sich auch im Lateinischen.
Sehen wir uns zunächst die Formen des Relativpronomens an:

Singular			*Plural*		
qui	quae	quod	qui	quae	quae
	cuius			quorum	quarum	quorum
	cui				quibus	
quem	quam	quod	quos	quas	quae
quo	qua	quo		quibus	

3 Übersetze die folgenden Sätze aus dem Schulalltag.

1. *Magister: „Recita fabulam, quam vobis narravi!"*
2. *Puella: „Fabulam ignoro, sed pulchra carmina cantare possum, quae tu nos docuisti!"*
3. *Magister: „Nunc monstrate litteras, quae in tabulis vestris sunt."*
4. *Pueri puellaeque parent, nam virgam timent, qua ludi magister liberos verberat.*
5. *Nonnumquam magister crustula apportat, quibus sedulos liberos delectat.*

4 Setze nun das passende Relativpronomen ein (beachte dabei die NG-Kongruenz!) und übersetze dann die Sätze.

1. Vir, _____ Romulum et Remum invenit, Faustulus nominabatur.

   _____

2. Lupa, a _____ Romulus et Remus nutriebantur, in silvam fugit.

   _____

3. Faustulus Romulum et Remum ad casam, _____ cum Faustina habitabat, portavit.

   _____

   _____

4. Faustina, _____ cura magna erat, pueros educavit.

   _____

5. Faustulus pastores, _____ eum visitaverunt, de Romulo et Remo fratribus narravit.

   _____

   _____

DIESER SOLL ES SEIN

13. Noch mehr Pronomina

Die Demonstrativpronomina

Demonstrativpronomina sind hinweisende Fürwörter (du kennst ja schon das Verb *demonstrare* – zeigen), die wir insgesamt in **drei Gruppen** unterteilen. Sieh dir zunächst die Formen der ersten Gruppe an, zu der drei Einzelpronomina gehören. Die Endungen dürften dir keine Überraschungen bieten, denn die meisten von ihnen kennst du schon vom Relativpronomen.

Singular

hic	haec	hoc
	huius	
	huic	
hunc	hanc	hoc
hoc	hac	hoc

iste	ista	istud
	istius	
	isti	
istum	istam	istud
isto	ista	isto

ille	illa	illud
	illius	
	illi	
illum	illam	illud
illo	illa	illo

Plural

hi	hae	haec
horum	harum	horum
	his	
hos	has	haec
	his	

isti	istae	ista
istorum	istarum	istorum
	istis	
istos	istas	ista
	istis	

illi	illae	illa
illorum	illarum	illorum
	illis	
illos	illas	illa
	illis	

Was diese Pronomina der ersten Gruppe ausdrücken, kannst du dir am besten mit Hilfe dieser Zeichnung merken.

Hic est filius meus.	Dies ist mein Sohn.
Iste est filius mei amici.	Dies(er da) ist der Sohn meines Freundes.
Illum puerum ignosco.	Jenen Jungen (dort) kenne ich nicht.

Wenn du dir anschaust, wohin der Vater jeweils zeigt, wird dir die unterschiedliche Bedeutung der drei Demonstrativpronomina *hic*, *haec*, *hoc*, *iste*, *ista*, *istud* und *ille*, *illa*, *illud* schnell deutlich!

Hic, *haec*, *hoc* bedeutet „**dieser, diese, dieses**" und bezeichnet immer das dem Sprecher örtlich und zeitlich Nächstliegende.

Quando hanc epistulam leges?	Wann wirst du diesen Brief lesen?
Hic princeps Augustus nominatur.	Dieser Kaiser heißt Augustus.
Hic est Augustus.	Dies(er) ist Augustus.

Iste, *ista*, *istud* bedeutet ebenfalls „**dieser, diese, dieses**", jedoch zumeist mit dem Zusatz „**da**", und bezeichnet das dem Angeredeten Nächstliegende. Oft wird dieses Pronomen auch in einem negativen, verächtlichen Sinne verwandt.

Iste inimicus meus est.	Dies(er da) ist mein Feind.
Isti homines me terrore afficiunt!	Diese Menschen da jagen mir Schrecken ein!

Ille, illa, illud bedeutet **„jener, jene, jenes"** und bezeichnet das dem Sprecher Entferntliegende. Oft wird mit diesem Pronomen auch das Berühmte, allgemein Bekannte hervorgehoben.

Filium meum ex illo periculo servavisti.	Du hast meinen Sohn aus jener Gefahr gerettet.
Vidi illum Ciceronem!	Ich habe den berühmten Cicero gesehen!
Illum numquam obliviscar!	Jenen werde ich niemals vergessen!

Wie du siehst, können diese Demonstrativpronomina sowohl **substantivisch** als auch **adjektivisch** gebraucht werden. Häufig erscheinen *hic, haec, hoc* und *ille, illa, illud* bei Gegenüberstellungen, um zwei Gruppen/Parteien gegeneinander abzugrenzen:

Marcum et Corneliam invitavi. Ille est filius amici mei, haec eius amica.	Ich habe Marcus und Cornelia eingeladen. Jener (besser: der Erstgenannte, der Erste) ist der Sohn meines Freundes, diese (besser: die Letztgenannte, Letztere) seine Freundin.

In solchen Sätzen bezeichnet *ille* die zuerst und damit weiter vom Satzende entfernt genannte Person oder Sache, *hic* die später und damit näher am Satzende genannte. (Erinnere dich: Im Englischen wird dies mit *this* und *that* ausgedrückt.)

1 Setze die Demonstrativpronomina als Attribute zu den folgenden Substantiven. Bedenke, dass einige Formen doppeldeutig sind!

	hic	iste	ille
puellam			
puerorum			
labores (!)			
regis			
filiae (!)			
virum			
legum			
servi (!)			
proelia			

2 Und nun versuche den folgenden kleinen Text zu übersetzen.

Tempore Augusti Romae duo praeclari poetae vixerunt: Publius Vergilius Maro et Publius Ovidius Naso. Hic ab Augusto imperatore in exilium missus est, ille ab Augusto celebrabatur. Ille duces, pascua, rura cecinit, hic amores et novas corporum formas. Hic Tomi, loco accerrimo ad Pontum Euxinum sito, mortuus est, ille in Parthenope, quae urbs hodie Neapolis nominatur.

Gehen wir nun zu den Wörtern über, die wir als die zweite Gruppe unserer Demonstrativpronomina bezeichnen. Zu ihr gehören zwei richtige Tausendsassa was ihre Verwendungsmöglichkeiten angeht. Die lateinischen Formen bieten für dich keine Besonderheiten:

Singular   *Plural*

ipse	ipsa	ipsum	ipsi	ipsae	ipsa
	ipsius		ipsorum	ipsarum	ipsorum
	ipsi			ipsis	
ipsum	ipsam	ipsum	ipsos	ipsas	ipsa
ipso	ipsa	ipso		ipsis	

is	ea	id	ii (ei)	eae	ea
	eius		eorum	earum	eorum
	ei			iis (eis)	
eum	eam	id	eos	eas	ea
eo	ea	eo		iis (eis)	

3 *Ipse*, *ipsa*, *ipsum* kannst du zunächst in seiner Grundbedeutung mit „**selbst**" wiedergeben, doch gibt es im Deutschen bessere Möglichkeiten der Übersetzung. Sieh dir die folgenden Sätze an, vielleicht fällt dir jeweils eine bessere Übersetzungsmöglichkeit für *ipse* ein!

Caesar ipse aparuit.	Caesar selbst erschien.

Besser: _____

Hostes castra in ripa ipsa posuerunt.	Die Feinde schlugen das Lager am Ufer selbst auf.

Besser: _____

Caesaris nomen ipsum hostes timore affecit.	Caesars Name selbst flößte den Feinden Furcht ein.

Besser: _____

Hoc ipsum Caesar animadvertit.	Dies selbst bemerkte Caesar.

Besser: _____

Itaque Caesar hunc ipsum timorem praesentia auxit.	Deshalb vergrößerte Caesar diese Furcht selbst durch seine Anwesenheit.

Besser: _____

> Du siehst, welche Bedeutungsbreite das Pronomen *ipse* aufweist. Lerne also nicht nur die eine Bedeutung „selbst" für dieses Pronomen, sondern versuche auch die anderen im Gedächtnis zu behalten. Achte jeweils darauf, welche Bedeutung wohl im Sinn- bzw. **Textzusammenhang** gemeint ist!

Doch nun zum zweiten Wort dieser Gruppe: **Klein – aber oho!**
Is, *ea*, *id* kann in seiner Grundfunktion als schwach hinweisendes **„dieser, diese, dieses"** verstanden werden. Dies sollte für dich auch die Ausgangsübersetzung sein. Doch genauso, wie du bei *ipse* nach der passenden deutschen Wiedergabe suchen musst, ist dies auch bei diesem Pronomen der Fall:

(1) Scitis Romulum et Remum Romam condidisse. — Ihr wisst, dass Romulus und Remus Rom gegründet haben.

(2) Ii pueri filii Rheae Silviae fuerunt. — Diese Jungen waren die Söhne Rhea Silvias.

(3) Ea pueros patre invito genuit. — Diese gebar die Jungen gegen den Willen ihres Vaters.

(4) Itaque Amulius, pater Rheae Silviae, eos interfici iussit. — Deshalb befahl Amulius, der Vater Rhea Silvias, sie zu töten.

(5) Sed ii servi, qui fratres in flumine caedere debebant, pueris pepercerunt. — Aber die(jenigen) Sklaven, die die Brüder im Fluss ertränken (wörtlich: töten) sollten (wörtlich: mussten), verschonten die Jungen.

(6) Postea Faustulus eos invenit et cum uxore educavit. — Später fand Faustulus sie und zog sie mit seiner Frau auf.

(7) Faustulus pastor avi eorum fuit. — Faustulus war der Hirte ihres Großvaters.

Die voranstehenden Sätze bieten dir eine Übersicht über die verschiedenen **Verwendungsbereiche** von *is*, *ea*, *id*. *Is*, *ea*, *id* kann verwendet werden:

– als Demonstrativpronomen (Sätze 2 und 3; Satz 2: adjektivisch, Satz 3: substantivisch; deutsch: Demonstrativpronomen „dieser, diese, dieses")
– außer im Nominativ als Personalpronomen der 3. Person Singular und Plural (Sätze 4 und 6; deutsch: Personalpronomen „er, sie, es")
– vor einem Relativsatz als Determinativpronomen (Abgrenzungspronomen; Satz 5; deutsch: ebenfalls Determinativpronomen „derjenige, diejenige, dasjenige" mit nachfolgendem Relativsatz)
– im Genitiv Singular und Plural als nichtreflexives Possessivpronomen (Satz 7; deutsch: Possessivpronomen „ein, ihr")

4 Setze nun die passende Form von *is*, *ea*, *id* ein und übersetze dann.

Certe Herculem cognovistis. _____ vir multa pericula sustinere debuit, nam Hera _____ urgebat. Iupiter, quamquam pater _____ fuit, _____ adesse non potuit. Praeclara sunt facta _____, quae Eurystheus rex _____ mandavit. Hercules interfecit multa atrocia animalia et _____ equos, qui homines devoraverunt, domuit.

Wenn du das Kapitel der Demonstrativpronomina bis hierhin durchgearbeitet hast, hast du es fast geschafft – genau wie Herkules. Denn nun kommt nur noch ein Pronomen, das wir zugleich als die dritte Gruppe der Demonstrativpronomina bezeichnen. Es lautet *idem*, *eadem*, *idem* und wird wie folgt dekliniert:

idem	eadem	idem	iidem[1]	eaedem	eadem
	eiusdem		eorundem	earundem	eorundem
	eidem			iisdem[2]	
eundem	eandem	idem	eosdem	easdem	eadem
eodem	eadem	eodem		iisdem[2]	

([1] Nebenformen: eidem, idem; [2] Nebenformen: eisdem, isdem)

Wie du sofort erkannt haben wirst, ist dieses Wort aus dem oben besprochenen Demonstrativpronomen is, es, id und einer zweiten Silbe -dem zusammengesetzt. Es wird stets nur der erste Teil des Wortes dekliniert, die Silbe -dem bleibt unverändert. Dieses Pronomen bedeutet **„derselbe, dieselbe, dasselbe"**.

C. Julius Caesar et Cornelius Nepos eodem anno nati sunt.	C. Julius Caesar und Cornelius Nepos sind in demselben Jahr geboren.
Easdem urbes visitavi ac tu.	Ich habe dieselben Städte besucht wie du.
Ego idem, quod tu, video.	Ich sehe dasselbe wie du.

Wird zu dem Pronomen *idem*, *eadem*, *idem* noch ein **Vergleich** hinzugefügt, so wird dieser mit einem *ac* bzw. *atque* angeschlossen (s. Satz 2) oder mit einem Relativsatz (s. Satz 3).

Die Personalpronomina

Personalpronomina sind persönliche Fürwörter, die stellvertretend für Personen und – in der dritten Person – auch für Sachen stehen können. Der Nominativ der Personalpronomina wird immer dann gesetzt, wenn Gegensätze hervorgehoben oder Anreden und Ausrufe ausgedrückt werden sollen. Die Formen für die 1. und 2. Person lauten:

Sing.	1. Person		2. Person	
Nom.	ego	ich	tu	du
Gen.	mei	meiner	tui	deiner
Dat.	mihi	mir	tibi	dir
Akk.	me	mich	te	dich
Abl.	me(cum)[1]	(mit)[1] mir	te(cum)	(mit) dir
Pl.				
Nom.	nos	wir	vos	ihr
Gen.	nostri[2]	unser	vestri[3]	euer
Dat.	nobis	uns	vobis	euch
Akk.	nos	uns	vos	euch
Abl.	nobis(cum)	(mit) uns	(vobis)cum	(mit) euch

[1] Die Präposition *cum* ist deswegen in Klammern gesetzt, weil hier auch alle anderen Präpositionen stehen könnten, die den Ablativ bei sich haben. Die Ablative der Personalpronomina kommen nur in Verbindung mit einer Präposition vor.
Allerdings wird nur *cum* an das Pronomen angehängt, alle anderen Präpositionen stehen vor dem Pronomen, z. B. *a me* – von mir, *de te* – über dich, *pro nobis* – für uns, *sine vobis* – ohne euch.
[2] Im Genitiv tritt das Personalpronomen auch in Form von *nostrum* in Wendungen wie: *nemo nostrum* – niemand von uns oder *quis nostrum* – wer von uns auf. Es handelt sich dabei um die Form des partitiven Genitivs.
[3] Gleiches gilt für *vestrum*.

5 Übersetze mit Hilfe der obigen Tabelle den folgenden kleinen Text, der ein Streitgespräch zwischen Niobe und ihren Töchtern wiedergibt.

Nioba: „Quid facitis?"
Filiae: „Nos aram Latonae deae ornamus, nam mox diem festum agemus!
Nos cura deae salvae sumus."
Nioba: „Vos omnes non cura deae, sed cura mea salvae estis.
Gratias agite mihi, non deae!"
Filiae: „Semper tibi gratias habemus, semper amor tui nobis magnus est. At: Latona dea est!"
Nioba: „Mihi septem filii et septem filiae sunt, Latonae tantum unus filius et una filia."

Auch die Göttin Latona hört natürlich von diesem Gespräch und ist über Niobe erzürnt. Übersetze weiter.

Latona: „Tu mortalis es, ego dea!
Itaque vos mihi sacrificare debetis.
Nunc nobis, mihi et liberis meis, officium est vos punire."

Die Kasus der Personalpronomina der 1. und 2. Person werden ohne Unterschied in der Form nichtreflexiv und reflexiv (rückbezüglich) verwendet. Bei der 3. Person dagegen werden diese Verwendungsarten genau unterschieden.

Sing.	3. Person (reflexiv)		3. Person (nichtreflexiv)	
Nom.			(is, ea, id)	(er, sie, es)
Gen.	sui	seiner, ihrer	eius	seiner, ihrer, seiner
Dat.	sibi	sich	ei	ihm, ihr, ihm
Akk.	se	sich	eum, eam, id	ihn, sie, es
Abl.	se(cum)	(mit) sich	(cum) eo, ea, eo	(mit) ihm, ihr, ihm
Pl.				
Nom.	---		(ii, eae, ea)	(sie)
Gen.	sui	ihrer	eorum, earum, eorum	ihrer
Dat.	sibi	sich	iis (eis)	ihnen
Akk.	se	sich	eos, eas, ea	sie
Abl.	se(cum)	(mit) sich	(cum) iis (eis)	(mit) ihnen

Wie du aus der Tabelle ersiehst, gibt es im Lateinischen für die 3. Person des Personalpronomens ein eigenes Reflexivpronomen. Sieh dir die folgenden Beispielsätze an:

Marcus se laudat.	Marcus lobt sich (selbst).
Etiam Lucius eum laudat.	Auch Lucius lobt ihn.

In beiden Sätzen handelt es sich um dieselbe 3. Person Singular, die von der Handlung des Verbs, hier: des Lobens, betroffen ist. Doch während im ersten Satz Marcus selbst es ist, der sich das Lob ausspricht, die Handlung sich also reflexiv auf das Subjekt zurückbezieht, ist es im zweiten Satz ein Außenstehender, der Marcus lobt; die Handlung bezieht sich nichtreflexiv auf das Subjekt des Satzes zurück.

Um ein solches **nichtreflexives** Verhältnis auszudrücken, nimmt die lateinische Sprache für die 3. Person des Personalpronomens die Formen von *is*, *ea*, *id*. Zur Verdeutlichung des **reflexiven** Verhältnisses kennt sie für die 3. Person die Formen *sui* (Genitiv), *sibi* (Dativ), *se* (Akkusativ), *se* mit Präposition (Ablativ). Allerdings wird bei diesen Formen nicht zwischen Maskulinum, Femininum, Neutrum und auch nicht zwischen Singular und Plural unterschieden, wie dir die folgenden Beispielsätze beweisen:

Marcus se laudat.	Marcus lobt sich.
Cornelia se laudat.	Cornelia lobt sich.
Pueri se laudant.	Die Jungen loben sich.
Puellae se laudant.	Die Mädchen loben sich.
Marcus de se narrat.	Marcus erzählt von sich.
Cornelia de se narrat.	Cornelia erzählt von sich.
Pueri de se narrant.	Die Jungen erzählen von sich.
Puellae de se narrant.	Die Mädchen erzählen von sich.

6 Doch nun genug der Erläuterung, jetzt darfst du dich praktisch betätigen! Übersetze den folgenden Text.

Nioba Latonam deam offendit. – _____

Itaque Latona Dianam et Apollinem ad se vocat et iis dicit: – _____

_____

„Nioba mihi invidet et me offendit. – _____

Punite feminam superbam, nam Nioba se deam habet!" – _____

_____

Apollo et Diana filios filiasque Niobae sagittis necant. – _____

_____

Liberi se defendere nequeunt (= non possunt). – _____

_____

Etiam Nioba iis auxilio venire nequit (= non potest). – _____

_____

RÖMISCHE SPEZIALITÄTEN

14. Satzwertige Konstruktionen

Der Akkusativ mit Infinitiv (Accusativus cum infinitivo → A.c.i.)

In diesem Kapitel beschäftigen wir uns mit einer sprachlichen Erscheinung, die für die lateinische Sprache sehr charakteristisch ist und daher sehr oft verwendet wird. Sie steht in engem Zusammenhang mit dem Akkusativobjekt. Die Frage nach dem Akkusativobjekt kennst du schon: „(Wen oder) was tut jemand?"

Marcus amicum videt. → **Wen (oder was)** sieht Marcus? → Marcus sieht **seinen Freund**.

Doch was machst du mit dem folgenden Satz?

Marcus amicum ambulare videt.

Auch hier kann dir die oben gestellte Frage helfen: Wen oder was sieht Marcus? In diesem Falle sieht Marcus nicht nur seinen Freund, sondern auch, was sein Freund macht, also eine Handlung seines Freundes. Du kannst den Satz daher folgendermaßen übersetzen:

Marcus sieht, dass sein Freund spazieren geht.

Der gesamte Block *amicum ambulare* bildet das **Akkusativobjekt** zum Prädikat *videt*. Er besteht zum einen aus der Handlung *ambulare* (Infinitiv! – Frage: **Was tut jemand?** Jemand geht spazieren) und zum anderen aus dem Ausführenden dieser Handlung: *amicum* (Akkusativsubjekt! – **Wer geht spazieren?** Der Freund geht spazieren).
Im Deutschen geben wir diese Konstruktion (Akkusativsubjekt mit Infinitiv) als Gliedsatz wieder: Aus dem Akkusativsubjekt wird das Subjekt im Nominativ, aus dem Infinitiv wird das Prädikat:

..., dass sein Freund spazieren geht.

Der **Infinitiv Präsens** *ambulare* zeigt dir dabei an, dass die Handlung **gleichzeitig** zur Handlung des Hauptsatzes verläuft.
Ein solches zweifach gegliedertes Objekt findest du vor allem bei den **Verben des Sagens, Glaubens, Meinens, Denkens, Wissens** und denen der **sinnlichen und geistigen Wahrnehmung**, wenn sie im **Aktiv** verwendet werden. Auch einige **Verben des Begehrens** (z. B. *iubere* → befehlen und *vetare* → verbieten) haben unter dieser Bedingung den A.c.i. bei sich.

1 Übersetze die folgenden Übungssätze. Eine gute Hilfe ist es, wenn du vorher den A.c.i. unterstreichst.

Cornelia amicam appropinquare videt. – _____

_____

Amica portam apertam esse videt. – _____

_____

Subito Cornelia amicam clamare audit. – _____

_____

Cornelia columbam ante portam sedere videt. – _____

_____

Cornelia amicam per portam apertam intrare iubet. – _____

_____

Sed amica columbam bestiam esse clamat. – _____

_____

Nunc Cornelia amicam columbam timere cognoscit. – _____

_____

Vielleicht hast du mit dem letzten Satz einige Schwierigkeiten gehabt. Was ist es denn, was da ausgesagt wird? Sehen wir uns den Satz einmal gemeinsam an:

Cornelia amicam columbam timere cognoscit.

Wen oder was erkennt Cornelia? Cornelia erkennt *amicam columbam timere*. Betrachten wir hier zunächst einmal den Infinitiv *timere*, so erfahren wir, dass jemand sich fürchtet. Doch: **Wer fürchtet sich hier?** (= Frage nach dem Akkusativsubjekt). Hier haben wir zwei Akkusative zur Auswahl: *amicam* und *columbam*. Aber der Sinn ist eindeutig: Cornelia erkennt, dass ihre **Freundin** sich fürchtet. **Wen oder was fürchtet ihre Freundin?** (= Frage nach dem Akkusativobjekt zu *timere*). Cornelia erkennt, dass ihre Freundin **die Taube** fürchtet.

> **Merke:** Enthält ein Satz mehr als einen Akkusativ, entscheidet der Sinn der Aussage, welcher das **Subjekt des A.c.i.** (hier: *amicam*) und welcher das **Objekt** (hier: *columbam*) **zum Infinitiv** (hier: *timere*) bildet. Wenn einmal in einem allein stehenden Satz beide Möglichkeiten einen Sinn ergeben sollten, dann ist in der Regel der zuerst stehende Akkusativ das Subjekt des A.c.i. und der näher beim Infinitiv stehende Akkusativ das mit ihm verbundene Objekt.

Bei all unseren Beispielsätzen standen das Prädikat und der Infinitiv jeweils im Präsens. Doch was passiert, wenn das Prädikat nicht mehr im Präsens steht, sondern in ein Tempus der Vergangenheit (z. B. Imperfekt oder Perfekt) wechselt? Das

Zeitverhältnis ändert sich dadurch nicht, es herrscht weiter Gleichzeitigkeit. **Der Infinitiv Präsens drückt also unabhängig von dem Tempus, in dem das übergeordnete Prädikat steht, immer die Gleichzeitigkeit aus.**
Bei der **Übersetzung ins Deutsche** muss sich jedoch das Prädikat des dass-Satzes, den wir bilden, jeweils nach dem Tempus des übergeordneten Prädikats richten. Sieh dir dazu die folgende Gegenüberstellung an:

Cornelia amicam *appropinquare* **videt**.	Cornelia **sieht**, dass sich die Freundin **nähert**.
Cornelia amicam *appropinquare* **videbat (vidit)**.	Cornelia **sah**, dass sich die Freundin **näherte**.

> Wie du siehst, wird die Gleichzeitigkeit in einem A.c.i., die im Lateinischen immer der **Infinitiv Präsens** ausdrückt, im Deutschen unterschiedlich wiedergegeben:
> – Tempus Präsens, wenn das übergeordnete Prädikat im Tempus Präsens,
> – Tempus Präteritum, wenn das übergeordnete Prädikat in einem Vergangenheitstempus steht.

2 Übersetze nun die folgenden Sätze und achte auf die Zeitverhältnisse.

Lucius Marcum amicum aegrotum esse matri narrat. – _____

Mater Lucium Marcum visitare iubet. – _____

Marcus Lucium venire valde gaudet. – _____

Pater Lucium et Marcum in aula ludere vetat. – _____

Postea pater pueros tamen in aulam currere audivit. – _____

Pater Marcum etiam equum conscendere vidit. – _____

Tum pater servum Marcum vocare iussit. – _____

Lucius etiam patrem iratum Marcum vocare audivit. – _____

Was geschieht jedoch, wenn wir nicht mehr einen **Infinitiv** im Präsens vorfinden, sondern einen im **Perfekt**? Sehen wir uns dazu den folgenden Satz an:

Marcus amicum fabulam narravisse scit.

Wen oder was weiß Marcus? Marcus weiß, dass jemand erzählt hat. Also: Das Erzählen liegt zeitlich **vor** dem Wissen, die Handlung ist vorzeitig. **Wer hat erzählt?** (= Frage nach dem Akkusativsubjekt) Marcus weiß, dass sein **Freund** erzählt hat.
Wen oder was hat der Freund erzählt? (= Frage nach dem Akkusativobjekt) Marcus weiß, dass sein Freund **eine Geschichte** erzählt hat.

> **Merke:** Steht in einem A.c.i. der **Infinitiv im Perfekt**, so ist die Handlung des A.c.i. vorzeitig zu der Handlung des übergeordneten Verbs. Bei der Umsetzung des A.c.i. ins Deutsche gilt:
> – bei einem übergeordneten Verb im Präsens → im deutschen dass-Satz das Tempus Perfekt
> – bei einem übergeordneten Verb in einem Tempus der Vergangenheit → das Tempus Plusquamperfekt

Marcus amicum *vocavisse* **audit**.   Marcus **hört**, dass der Freund *gerufen hat*.

Marcus amicum *vocavisse* **audiebat/audivit**.   Marcus **hörte**, dass der Freund *gerufen hatte*.

3 Übersetze entsprechend die folgenden Beispielsätze.

Magister Herculem multos labores confecisse narrat. – _____

Hercules Hydram in silvam densam abdidisse audivit. – _____

Discipuli discipulaeque Herculem Hydram dolo necavisse sciunt. – _____

Magister Herculem etiam aprum saevum cepisse narravit. – _____

Incolae aprum saevum in Erymantho monte agros vastavisse nuntiaverunt. – _____

Discipuli discipulaeque Eurystheum regem se in urna occultavisse gaudent. – _____

Wenn der A.c.i. im **Passiv** verwendet wird, wirst du ebenfalls die Zeitverhältnisse Gleichzeitigkeit und Vorzeitigkeit vorfinden. Bei Gleichzeitigkeit findest du den **Infinitiv *Präsens* Passiv**:

Marcus fabulam ab amico narrari audivit.

Wen oder was hörte Marcus? Marcus hörte, dass etwas **erzählt** wurde.
Wer oder was wurde erzählt (Akkusativsubjekt)? Marcus hörte, dass **eine Geschichte** erzählt wurde.
Von wem wurde eine Geschichte erzählt? Marcus hörte, dass **von seinem Freund** eine Geschichte erzählt wurde.

Gebildet wird der **Infinitiv Präsens Passiv** von Verben der **a-Konjugation** mit dem **Präsensstamm** *(narra)* + **Bildesilbe** *ri* (→ *narrari* – erzählt werden). Diese Art der Bildung findest du auch bei der **e-** und **i-Konjugation** *(mone + ri* → *moneri* – ermahnt werden; *audi + ri* → *audiri* – gehört werden).
Bei der **konsonantischen** und **gemischten Konjugation** heißt die Bildesilbe *i*, also z. B. *duc + i* → *duci* – geführt werden oder *cap + i* → *capi* – gefasst werden.

4 Übersetze nun die folgenden Sätze, in denen du jeweils einen Infinitiv Präsens Passiv findest.

Marcus alias fabulas de Hercule narrari cupit. – _____

Eurystheus rex stabula Augiae regis purgari iussit. – _____

Omnes Graeciae incolae leonem saevum ab Hercule necari volebant. – _____

Omnes discipuli discipulaeque Herculem in numero deorum haberi non ignorant. – _____

Iterum atque iterum Graeci Herculem in templo coli videbant. – _____

Die **Vorzeitigkeit** im Passiv wird durch den **Infinitiv *Perfekt* Passiv** ausgedrückt. Du findest dann im Satz das **Partizip Perfekt Passiv** (im folgenden Beispielsatz: *narratam* KNG-kongruent zum Akkusativsubjekt *fabulam*) + ***esse***:

Marcus fabulam ab amico narratam esse scit.

Wen oder was weiß Marcus? Marcus weiß, dass etwas erzählt worden ist.
Wer oder was ist erzählt worden? Marcus weiß, dass eine Geschichte erzählt worden ist.
Von wem ist die Geschichte erzählt worden? Marcus weiß, dass die Geschichte von seinem Freund erzählt worden ist.

5 Mit diesem Hintergrundwissen mach dich nun an die folgenden Übungssätze heran und übersetze!

Magister Herculem ab Augia rege ad Erymanthum montem missum esse narravit. – ___

Iolaus Hydram necatam esse gaudebat. – ___

Hercules homines in regno Diomedis ab equis devorari audivit. – ___

Nos omnes sciunt regem Diomedem ab Hercule superatum et item ab equis devoratum esse. – ___

Eurystheus rex Cerberum ab inferis (aus der Unterwelt) apportatum esse audivit. Itaque timore impletus est. – ___

Discipuli discipulaeque Herculem ab incolis omnibus laudatum esse legerunt. – ___

Bei bestimmten Prädikaten kann der A.c.i. auch **Subjekt des lateinischen Satzes** sein:

Amicum fabulam narravisse notum erat.

Das Prädikat des Satzes wird hier durch den unpersönlichen Ausdruck *notum erat* (= es war bekannt) gebildet.
Wer oder was war bekannt? Es war bekannt, dass der Freund eine Geschichte erzählt hatte.

6 An den folgenden Sätzen kannst du diese neu erworbenen Kenntnisse noch einmal überprüfen!

Herculem multas bestias necavisse constat. – _____

Fama est Herculem puerum a duobus serpentibus oppressum esse. – _____

Deis notum erat Herculem a Iunone non amari. – _____

Notum est multa templa Herculi aedificata esse. – _____

Constat Herculem multis in terris a hominibus cultum esse. – _____

Das Participium coniunctum (P.c.)

Der vom gegnerischen Libero gefoulte Stürmer blieb lange regungslos im Strafraum liegen.

oder:

Der Spieler blieb, vom gegnerischen Libero gefoult, lange regungslos im Strafraum liegen.

Bestimmt hast du einen solchen oder ähnlichen Satz schon auf der Sportseite einer Zeitung gelesen oder in einer Reportage gehört. Doch hast du dir auch einmal Gedanken darüber gemacht, um welche Form es sich bei „gefoult" handelt? Es ist das **Partizip Perfekt Passiv**. Ebenso sind „geholt", „gerufen", „gebraucht", „ermahnt" etc. solche Partizipien Perfekt Passiv.
Und genau diese Aussageform gehörte für die alten Römer zu den besonders bevorzugten Konstruktionen. Immer wieder findest du im Lateinischen Sätze wie diesen:

| Quando Aeneas **Troiam deletam** relinquet? | Wann wird Aeneas **das zerstörte Troja** verlassen? |

In diesem Beispielsatz steht *deletam* im Akkusativ Singular, ist feminin und wie ein adjektivisches Attribut in KNG-Kongruenz mit *Troiam* verbunden; es ist attributiv verwendet.
Die in unserem Beispielsatz beobachtete KNG-Kongruenz zwischen *Troiam* und *deletam* zeigt zudem an, dass das Partizip (*deletam*) an ein Satzglied (in unserem Falle das Objekt) des Hauptsatzes angehängt, d.h. in den Hauptsatz eingebunden ist. Deshalb nennt man diese Partizipialkonstruktion auch **Participium coniunctum**.

| Quando Aeneas **in novam patriam iam diu exspectatam** perveniet? | Wann wird Aeneas **in die schon lange erwartete neue Heimat** kommen? |

In diesem zweiten Beispielsatz ist vor das Partizip noch ein **Adverb** gesetzt, das die Aussage erweitert. In solchen Fällen bietet sich für die **Übersetzung** ins Deutsche eine weitere Möglichkeit an: Der Partizipialblock *iam diu exspectatam* kann auch mit einem **Relativsatz** wiedergegeben werden:

> Wann wird Aeneas **in die neue Heimat** kommen, **die schon lange erwartet worden ist**?

7 Das soll zunächst an Erklärungen genügen. Versuche nun die folgenden Sätze mit attributiv verwendeten Partizipien zu übersetzen.

Diu Troiani equum ab Ulixe aedificatum donum deorum putaverunt. – _____

_____

Graeci ex equo liberati portas Troiae aperuerunt. – _____

_____

Multi Graeci per portas apertas in oppidum invaserunt, Troianos necaverunt, denique Troiam deleverunt. – _____

_____

_____

Diu Aeneas (in) Troia deleta Creusam uxorem quaesivit. – _____

_____

Wenn du diese Sätze richtig übersetzt hast, hast du einen guten Grundstein für unsere weitere Arbeit mit dieser typisch lateinischen Konstruktion gelegt.

Sieh dir dazu den nächsten Beispielsatz an!

Aeneas a Iove acerrime *monitus* statim Carthaginem **reliquit**.

Du findest in diesem Satz zwei Verbalinformationen. Die erste Information ist in der Partizipialform *monitus* enthalten, die zweite im Prädikat des Hauptsatzes. *Monitus* steht in KNG-Kongruenz zu Aeneas, bezieht sich aber zugleich auch auf das Prädikat *reliquit*, indem das Partizip *monitus* die Aussage des Prädikats näher erläutert: Die Tatsache, dass Aeneas von Jupiter ermahnt worden ist, veranlasst ihn zur sofortigen Abfahrt von Carthago.
Ist ein Partizip in dieser Form gebraucht, handelt es sich um eine prädikative Verwendung des Partizips oder kurz um ein **prädikatives Partizip**.

Doch wie soll man eine solche lateinspezifische Aussageform angemessen ins Deutsche übersetzen? Versuchen wir es zunächst einmal nach unserer Sportreportermethode:

Aeneas a Iove acerrime *monitus*   Aeneas, von Jupiter aufs Schärfste ermahnt,

statim Carthaginem **reliquit**.   verließ sofort Carthago.

Nicht schlecht fürs Erste, aber wir müssen noch ein wenig Feinarbeit leisten! Klären wir zunächst einmal, in welcher **Reihenfolge** die Handlungen stattgefunden haben. Das **Partizip** *Perfekt* **Passiv** weist – genauso wie der Infinitiv Perfekt – auf **Vorzeitiges** hin, d. h., die Handlung des Partizips hat **vor** der Handlung des Prädikats stattgefunden. Das führt für unseren Beispielsatz zu folgender Übersetzung:

> Aeneas **wurde** von Jupiter aufs Schärfste **ermahnt** und verließ *darauf* sofort Carthago.

Damit sind wir einer sachgerechten Übersetzung einen großen Schritt näher gekommen. Zudem haben wir uns jetzt auch schon für eine bestimmte gedankliche Verbindung beider Handlungen entschieden: Der von uns gewählte **Konnektor** „darauf" zeigt an, dass wir ein **temporales** (zeitliches) **Gedankenverhältnis** zwischen den beiden Handlungen entdeckt haben.

Diese Art der Auflösung eines Participium coniunctum bezeichnet man als **Beiordnung**, d. h., aus dem Partizipialblock wird ein eigenständiger Hauptsatz, der mit dem eigentlichen (lateinischen) Hauptsatz durch **„und"** und einen weiteren **Konnektor** verbunden wird.

Unser Beispielsatz lässt aber noch eine weitere gedankliche Verknüpfung der beiden Handlungen zu:

> Aeneas **wurde** von Jupiter auf Schärfste **ermahnt** und verließ *deshalb* sofort Carthago.

Auch diese Übersetzung ist richtig, wenn man der Meinung ist, dass zwischen den beiden Handlungen eher ein **kausales** als ein temporales Gedankenverhältnis vorliegt.

> **Merke:** Welches Gedankenverhältnis vorliegt, musst du jeweils aus dem **Textzusammenhang** erschließen.

8 Versuche nun einmal die folgenden kleinen Sätze auf diese Art aufzulösen. Du kannst zu jedem Satz verschiedene Versionen aufschreiben.

Hercules ab incolis Graeciae vocatus statim apparuit.
Nam incolae ab apro saevo vexati auxilium ab Hercule petiverunt.
Aper ab Hercule inventus fuga salutem petivit.
Aper ab Hercule vexatus et captus in aulam regis portatus est.

Gut gemacht! Als erfahrener PC-Übersetzer kannst du nun diese Blöcke auch noch auf zwei weitere Arten auflösen. Zunächst einmal nach der Methode **Unterordnung**. Dabei wird aus dem Partizipialblock ein subjunktionaler **Gliedsatz**.
Wenn wir in unserem Beispielsatz den Partizipialblock auf diese Weise mit einem **temporalen** Gedankenverhältnis auflösen, dann ergibt das folgende Übersetzung:

> **Nachdem** Aeneas von Jupiter aufs Schärfste ermahnt worden war, verließ er sofort Carthago.

Falls das **kausale** Gedankenverhältnis bevorzugt wird, lautet der Satz so:

> **Weil** Aeneas von Jupiter aufs Schärfste ermahnt worden war, verließ er sofort Carthago.

Wie du siehst, wird das Gedankenverhältnis in diesen Fällen durch die **Subjunktionen „nachdem"** und **„weil"** ausgedrückt.

9 Löse die Beispielsätze von Übung 8 nach der Methode Unterordnung auf.

Hercules ab incolis Graeciae vocatus statim apparuit.
Nam incolae ab apro saevo vexati auxilium ab Hercule petiverunt.
Aper ab Hercule inventus fuga salutem petivit.
Aper ab Hercule vexatus et captus in aulam regis portatus est.

Als dritte Auflösungsmöglichkeit eines Participium coniunctum bietet sich zusätzlich noch die **Einordnung** an: Aus dem Partizipialblock wird dann ein **Präpositionalausdruck**, das gedankliche Verhältnis spiegelt sich in der **Präposition** wider.

temporal:

Nach der überaus scharfen Ermahnung durch Jupiter verließ Aeneas sofort Carthago.

kausal:

Wegen der überaus scharfen Ermahnung durch Jupiter verließ Aeneas sofort Carthago.

10 Versuche jetzt einmal den letzten Satz der vorigen Übung nach der Methode Einordnung zu übersetzen!

Aper ab Hercule vexatus et captus in aulam regis portatus est. _____

_____

Neben temporalen und kausalen Verbindungen sind auch **konditionale** und **konzessive** Verknüpfungen möglich.

konditional:

Liberi a patre vocati statim apparent.

Unterordnung:	Die Kinder erscheinen sofort, **wenn** sie vom Vater gerufen worden sind.
Einordnung:	Die Kinder erscheinen **im Falle** eines Rufes von Seiten des Vaters sofort.
Beiordnung:	Die Kinder sind vom Vater gerufen worden und erscheinen **in diesem Falle** sofort.

konzessiv:

Liberi a patre vocati non apparent.

Unterordnung:	Die Kinder erscheinen nicht, **obwohl** sie vom Vater gerufen worden sind.
Einordnung:	Die Kinder erscheinen **trotz** des Rufes von Seiten des Vaters nicht.
Beiordnung:	Die Kinder sind vom Vater gerufen worden und erscheinen **trotzdem** nicht.

Bevor du noch einmal deine Übersetzungskünste zeigen darfst, wollen wir uns alle Möglichkeiten in einer Übersichtstabelle anschauen.

Auflösungsart→	Unterordnung	Einordnung	Beiordnung
gedankliches Verhältnis	Adverbialsatz	präpositionaler Ausdruck	zweiter Hauptsatz mit Konjunktion
temporal	als, nachdem, sobald	nach ...	darauf, danach, dann
kausal	weil, da	wegen des/der ...	daher, deshalb
konditional	wenn, falls	im Falle eines/einer ...	in diesem Fall
konzessiv	obwohl, obgleich	trotz des/der	trotzdem, dennoch

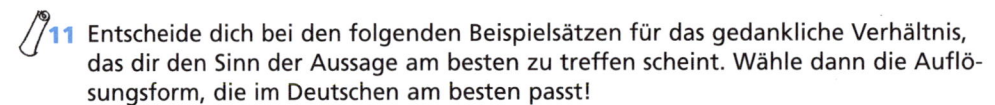

11 Entscheide dich bei den folgenden Beispielsätzen für das gedankliche Verhältnis, das dir den Sinn der Aussage am besten zu treffen scheint. Wähle dann die Auflösungsform, die im Deutschen am besten passt!

Multi Romani in provincias missi ibi manserunt.
Nonnumquam nationes barbarae Romanis in provinciam missis insidias parabant et colonias Romanas oppugnabant.
Romani autem hostes gladiis armatos non timebant.
Itaque coloniae a Romanis defensae non expugnatae sunt.
Nonnulli barbari a Romanis capti Romam deportati sunt et in carcerem missi sunt.

WEIL ICH SO CLEVER BIN ...

15. Indikativische Gliedsätze

„Du bist doof, weil du mir nicht mal richtig helfen kannst! ..."
Wenn man etwas mitteilt, dann verwendet man selten nur einzeln stehende Hauptsätze. Meistens bilden die Sätze größere Satzeinheiten. Wenn man zwei Sätze miteinander verbinden möchte, so kann dies auf zweifache Art erfolgen:

Wenn die Sätze als Hauptsätze gleichberechtigt nebeneinanderstehen sollen, so wählt man **beiordnende Konjunktionen** wie:

et, *atque* (und), *nam*, *enim*, *etenim* (denn), *ergo*, *igitur*, *proinde* (also), *itaque* (deshalb), *igitur* (daher).

| Marcus magistrum ludi diligit, | Marcus schätzt seinen Lehrer sehr, |
| **nam** magister ludi doctissimus est. | **denn** sein Lehrer ist hoch gebildet. |

Du siehst, beide Sätze sind **Hauptsätze**; sie stehen auf einer Ebene und sind durch die **Konjunktion** nam („denn") miteinander verbunden. Eine solche Verbindung von Sätzen heißt **Satzreihe**.

Wenn jedoch ein Hauptsatz mit **Nebensätzen** (= Gliedsätzen) verbunden werden soll, in denen Abhängigkeiten und logische Sinnrichtungen aufgezeigt werden, so verwendet man **unterordnende Konjunktionen (= Subjunktionen)** wie:

dum (während), *postquam* (nachdem), *ubi* (sobald), *cum* (jedes Mal wenn; als plötzlich), *quod* (da, weil) oder *quamquam* (obwohl).

Zunächst behandeln wir nur solche Subjunktionen, die den Indikativ bei sich haben.

Marcus,   a magistro saepe laudatur.
    quod attentus et sedulus est,

Marcus wird oft von seinem Lehrer gelobt,
                       weil er aufmerksam und fleißig ist.

               Lucius cum Quinto ambulat.
Quod Marcus aegrotus est,
         geht Lucius mit Quintus spazieren.
Weil Marcus krank ist,

Bei beiden Sätzen siehst du, dass der durch die **Subjunktion** *quod* eingeleitete Satz dem Hauptsatz untergeordnet ist. Eine solche Verbindung von Sätzen hat die Bezeichnung **Satzgefüge**.

Inhaltlich weist die Subjunktion *quod* darauf hin, dass in dem durch sie eingeleiteten Nebensatz eine **Begründung** für die Aussage des Hauptsatzes ausgesprochen wird. Es liegt also ein kausaler **Gliedsatz** vor.

> **Merke:** Wenn das **Subjekt des Gliedsatzes identisch mit dem des Hauptsatzes** ist, so wird im Lateinischen das gemeinsame Subjekt direkt vor den Gliedsatz, d. h. vor die Subjunktion, gestellt (s. 1. Beispielsatz).

Im Deutschen kannst du eine solche Satzfügung so wiedergeben, wie du es beim 1. Beispielsatz beobachten kannst. Du kannst aber auch das gemeinsame Subjekt in den Gliedsatz hineinziehen, diesen an den Anfang des Satzgefüges stellen und an ihn den Hauptsatz anschließen. Der deutsche Satz sähe dann wie folgt aus:

Weil *Marcus* aufmerksam und fleißig ist, wird **er** von seinem oft Lehrer gelobt.

Genauso wie Nomina im Satz Subjekt, Objekt, Adverbial und Attribut sein können, können dies auch Nebensätze. Bei unserem Beispiel könntest du den Nebensatz „weil er aufmerksam und fleißig ist" auch durch den **Präpositionalausdruck** „wegen seines Fleißes und seiner Aufmerksamkeit", also durch ein Adverbial, ersetzen. Deshalb nennt man einen solchen Nebensatz auch **Adverbialsatz.**

Du siehst, wir können einen Gliedsatz nach **drei Kategorien** unterscheiden:

1. nach seiner **äußeren Erscheinungsform**: subjunktionaler (konjunktionaler) Gliedsatz
2. nach seiner **Aufgabe im Satz**: Adverbialsatz
3. nach seiner **inhaltlichen Aussage**: Kausalsatz

Neben *quod* gibt es, wie du oben (S. 85) schon gesehen hast, noch viele andere **unterordnende Konjunktionen**, auch viele, die mit einem Prädikat im Indikativ verbunden sind. Durch sie ändert sich jeweils die inhaltliche Aussage des Gliedsatzes; seine Aufgabe im Satz und seine äußere Erscheinungsform bleiben jedoch unberührt. Die wichtigsten weiteren Sinnrichtungen in indikativischen Gliedsätzen kannst du dir jetzt anschauen.

Lucius, **quamquam** attentus et sedulus est, a magistro numquam laudatur.	**Obwohl** Lucius aufmerksam und fleißig ist, wird er vom Lehrer nie gelobt.

An Stelle der Subjunktion *quod* findest du in diesem Satzgefüge die Subjunktion *quamquam*. Durch sie wird auf ein konzessives Gedankenverhältnis hingewiesen. In Sätzen dieser Art wird ein Sachverhalt **eingeräumt** oder **zugestanden** (lat.: *concedere*).

Marcus, **cum** attentus et sedulus est, a magistro laudatur.	**Immer dann, wenn** Marcus aufmerksam und fleißig ist, wird er vom Lehrer gelobt.
Marcus, **ubi** attentus et sedulus est, a magistro laudatur.	**Sobald** Marcus aufmerksam und fleißig ist, wird er vom Lehrer gelobt.

Durch die beiden Subjunktionen *cum* und *ubi* werden temporale Gliedsätze eingeleitet. Wenn *cum* mit einem Prädikat im Indikativ verbunden ist, wird oft ein sich wiederholendes (= iteratives) Geschehen ausgedrückt, bei *ubi* wird demgegenüber das Eintreten eines Geschehens betont.

Weitere **temporale** Subjunktionen sind *postquam* und *dum*.

Dum Marcus mihi fabulam narrat, frater eius apparuit.	**Während** Marcus mir eine Geschichte erzählte, erschien sein Bruder.

Dum-**Sätze** mit der Bedeutung „**während**" bezeichnen die **Gleichzeitigkeit** und stehen im Lateinischen immer im **Präsens**, müssen aber im Deutschen trotzdem mit einem Vergangenheitstempus wiedergegeben werden, wenn das Verb des übergeordneten Satzes im Perfekt oder Imperfekt steht.

Postquam Lucius apparuit, Marcus novam fabulam nobis narravit.	**Nachdem** Lucius erschienen war, erzählte Marcus uns eine neue Geschichte.

In Sätzen, die mit *postquam* eingeleitet werden, steht im Lateinischen unabhängig vom Tempus des übergeordneten Satzes in der Regel das **Perfekt**, das die Abgeschlossenheit einer Handlung betont. Im Deutschen erscheint in diesem Gliedsatz nur dann das Perfekt, wenn das Prädikat des übergeordneten Satzes im Präsens steht. Erscheint hier ein Tempus der Vergangenheit, dann muss das lateinische Perfekt des mit *postquam* eingeleiteten Satzes im Deutschen mit dem Plusquamperfekt wiedergegeben werden.

Postquam Roma **condita est**, multi agricolae novum in oppidum **veniunt**.	Nachdem Rom **gegründet** (worden) **ist**, **kommen** viele Bauern in die neue Siedlung.
Postquam Roma **condita est**, multi agricolae novum in oppidum **venerunt**.	Nachdem Rom **gegründet** (worden) **war**, **kamen** viele Bauern in die neue Siedlung.

> **Merke:** Das lateinische Perfekt, bei dem das Prädikat des *postquam*-Satzes als „absolutes" Tempus steht und mit dem die **Vorzeitigkeit** angezeigt wird, wird im Deutschen meistens mit dem Plusquamperfekt wiedergegeben, wenn das Verb des übergeordneten Satzes in einem Vergangenheitstempus steht. Das Plusquamperfekt drückt die Vorzeitigkeit einer Handlung in der Vergangenheit gegenüber einer anderen aus.

1 Doch nun genug an Erläuterungen, jetzt kannst du selbst aktiv werden. Vervollständige zunächst die folgende Tabelle.

inhaltliche Aussage	lat. Subjunktion	deutsche Bedeutung	Aufgabe im Satz
kausal	quod		
	postquam		
	ubi		
	dum		
	cum		
	quamquam		

2 Jetzt dürfte dir der folgende Text nicht mehr allzu viele Schwierigkeiten machen. Lass dir Zeit und übersetze in aller Ruhe. Wenn du dir einmal unsicher bist, schau noch mal in den Erklärungen nach.

Romani filias Sabinorum raptant

Romulus, postquam Romam condidit, multos viros et agricolas in oppidum novum vocavit. Quod Romulo et sociis uxores defuerunt, Romulus Sabinos, qui prope habitabant, cum mulieribus et filiis ad ludos Romam invitavit. Ubi Sabini Sabinaeque consederunt et ludos spectaverunt, Romani magno cum clamore hospites oppresserunt et uxores filiasque Sabinorum rapuerunt. Dum Sabini contra Romanos pugnare cogitant, filiae Sabinorum patres et viros oraverunt: „Finite bellum, discedite ab armis!"

Tandem Sabini cum Romanis foedus inierunt, quamquam filiae raptae erant.

WENN DAS WÖRTCHEN „WENN" NICHT WÄR

16. Der Konjunktiv

Du kennst bereits verschiedene Zeiten im Indikativ und den Imperativ kannst du im Kapitel 10 wiederholen. Nun fehlt nur noch der dritte Modus (= Aussagemöglichkeit): der Konjunktiv.

Konjunktiv Imperfekt Aktiv und Passiv

Nur keine Sorge! Der Konjunktiv Imperfekt ist der Modus, der am einfachsten zu erkennen ist. Sieh dir die folgenden Formen an; du erkennst sofort: Alle werden nach demselben Bauschema gebildet.

Aktiv:	laudare-**m**	videre-**m**	audire-**m**	trahere-**m**	esse-**m**
Passiv:	laudare-**r**	videre-**r**	audire-**r**	trahere-**r**	---

Merke: **Infinitiv Präsens Aktiv + Personalmorpheme des Aktivs**
    (-m, -s, -t, -mus, -tis, -nt)
= **Konjunktiv Imperfekt Aktiv**

Infinitiv Präsens Aktiv + Personalmorpheme des Passivs
    (-r, -ris, -tur, -mur, -mini, -ntur)
= **Konjunktiv Imperfekt Passiv**

Im Passiv ergibt das für die fünf Konjugationsklassen folgende Formenreihen:

a-Konjugation	e-Konjugation	i-Konjugation	gemischte K.	konsonantische K.
laudare-r	videre-r	audire-r	trahere-r	capere-r
laudare-ris	videre-ris	audire-ris	trahere-ris	capere-ris
laudare-tur	videre-tur	audire-tur	trahere-tur	capere-tur
laudare-mur	videre-mur	audire-mur	trahere-mur	capere-mur
laudare-mini	videre-mini	audire-mini	trahere-mini	capere-mini
laudare-ntur	videre-ntur	audire-ntur	trahere-ntur	capere-ntur

1 Kannst du gut beobachten? Unterstreiche in der folgenden Formensammlung alle Formen des Konjunktivs Imperfekt.

docet – aperiam – irem – venires – movemus – posset – fugiam – adessemus – geretis – regeretis – prohibent – cuperent – faceret – praebete – laudabuntur – explerentur – scribuntur – superamini – neglegeremini – regeris – premereris – legeris – relinqueremur – ostendete – opprimerer – paratur – pararetur

Was aber wird im Lateinischen mit dem Konjunktiv Imperfekt **ausgedrückt**? Wir wollen uns hier zunächst auf zwei Verwendungsarten beschränken. Der Konjunktiv Imperfekt erscheint häufig
– in Satzgefügen, bei denen der Gliedsatz/Nebensatz mit *si* („wenn") bzw. *nisi* („wenn nicht") eingeleitet wird;
– in Hauptsätzen, die mit der Partikel *utinam* („wenn doch") bzw. *utinam ne* („wenn doch nicht") eingeleitet werden.

Nisi tam ignavi *essetis*,	(Adverbialsatz)	**Wenn** ihr **nicht** so faul *wäret*,
amici vos non *irriderent*.	(Hauptsatz)	*verspotteten* euch die Freunde nicht.

In diesem Beispielsatz siehst du, dass das Satzgefüge aus einem Bedingungssatz (eingeleitet mit *nisi*) und einem Folgerungssatz besteht. Der in ihm verwendete **Konjunktiv Imperfekt** macht deutlich, dass der Inhalt des Satzgefüges sich auf ein Geschehen in der **Gegenwart** richtet und dieses als unwirklich **(irreal)** kennzeichnet. Es handelt sich um ein **irreales Bedingungsgefüge der Gegenwart**, in dem der Bedingungssatz ein Adverbialsatz und der Folgerungssatz der Hauptsatz ist.

Utinam ne tam ignavi *essetis*!   **Wenn** ihr **doch nicht** so faul *wäret*!/ *Wäret* ihr doch nicht so faul!

Der zweite Beispielsatz wird durch *utinam* eingeleitet. Diese Partikel macht sichtbar, dass ein **Wunschsatz** vorliegt. Der in ihm verwendete Konjunktiv Imperfekt kennzeichnet die Aussage auch hier als etwas, das sich in der Gegenwart abspielt und *irreal* ist. Es handelt sich um einen **unerfüllbaren/irrealen Wunschsatz der Gegenwart**.

Im Deutschen wird der lateinische Konjunktiv Imperfekt mit dem Konjunktiv des Präteritums wiedergegeben (z. B. „ich wäre"). Bei manchen deutschen Verben ist die Form des Konjunktivs Präteritum (der auch Konjunktiv II heißt) identisch mit dem Indikativ des Präteritums (z. B. „Wenn ihr nicht so wenig **arbeitetet**, **verspotteten** euch die Freunde nicht.") Zur Verdeutlichung wird im Folgerungssatz (nicht im Bedingungssatz!) und im Wunschsatz daher häufig auch die Umschreibung mit „würden" gewählt (s.o. den Beispielsatz 1 oder: Wenn ihr nicht so wenig arbeitetet, **würden** euch die Freunde nicht **verspotten**./Wenn ihr doch nicht so wenig **arbeiten würdet**!/**Würdet** ihr doch nicht so wenig **arbeiten**!).
Utinam/utinam ne gibst du am besten mit „wenn doch"/„wenn doch nicht" wieder. Dann kann nichts schiefgehen, obwohl im Deutschen das „wenn" auch fehlen kann (s.o. den Beispielsatz 2 und den letzten Beispielsatz in der vorhergehenden Klammer).

2 Wenn die Trojaner bloß auf ihn hören würden! Übersetze den folgenden lateinischen Text.

Der Priester Laokoon versucht die Trojaner davon abzubringen, das hölzerne Pferd in die Stadt zu bringen. Dabei sagt er:

„Utinam ne Sinoni fidem haberetis! Nam iste Graecus mendicus est! Utinam ne equus in oppidum traheretur! Nisi equum in oppidum traheretis, porta oppidi non deleretur. Vos, si moenia oppidi deletis, contra deos patrios agitis. Si mihi crederetis, patriam nostram servare possemus. Utinam equum dolum Graecorum esse intellegeretis! Nisi tam stulti essetis, Graeci oppidum nostrum expugnare non possent!"

Konjunktiv Präsens Aktiv und Passiv

Betrachten wir zunächst die **Bildungsweise**: Der Konjunktiv Präsens wird bei der e-, i-, konsonantischen und gemischten Konjugation mit Hilfe des Modusvokals -a- gebildet. Bei der a-Konjugation dagegen wird aus dem im Stamm schon vorhandenen -a ein -e. Die Formen von **esse** werden mit dem Modusvokal -i- gebildet. Das ergibt im **Präsens Aktiv** folgende Formenreihen:

a-Konjugation	e-Konjugation	i-Konjugation	konsonantische K.	gemischte K.
laud-e-m	vide-a-m	audi-a-m	reg-a-m	capi-a-m
laud-e-s	vide-a-s	audi-a-s	reg-a-s	capi-a-s
laud-e-t	vide-a-t	audi-a-t	reg-a-t	capi-a-t
laud-e-mus	vide-a-mus	audi-a-mus	reg-a-mus	capi-a-mus
laud-e-tis	vide-a-tis	audi-a-tis	reg-a-tis	capi-a-tis
laud-e-nt	vide-a-nt	audi-a-nt	reg-a-nt	capi-a-nt

esse
s-i-m
s-i-s
s-i-t
s-i-mus
s-i-tis
s-i-nt

Und nach dem bekannten Baukastensystem des Lateinischen erhalten die Formen des **Konjunktivs Präsens *Passiv*** folgendes Aussehen:

a-Konjugation	e-Konjugation	i-Konjugation	konsonantische K.	gemischte K.
laud-e-r	vide-a-r	audi-a-r	reg-a-r	capi-a-r
laud-e-ris	vide-a-ris	audi-a-ris	reg-a-ris	capi-a-ris
laud-e-tur	vide-a-tur	audi-a-tur	reg-a-tur	capi-a-tur
laud-e-mur	vide-a-mur	audi-a-mur	reg-a-mur	capi-a-mur
laud-e-mini	vide-a-mini	audi-a-mini	reg-a-mini	capi-a-mini
laud-e-ntur	vide-a-ntur	audi-a-ntur	reg-a-ntur	capi-a-ntur

3 Einmal Konjunktiv und wieder zurück! Versuche nun selbst die folgenden Indikativformen in den Konjunktiv zu setzen (linke Spalte) bzw. die Konjunktivformen wieder in den Indikativ zurückzuführen (rechte Spalte)!

Indikativ	Konjunktiv	Konjunktiv	Indikativ
venimus		excitemini	
parant		eat (s. Übung 4)	
curritis		mittaris	
habes		adsimus	
sum		quaeramini	
fugio		nuntietur	
conscendimus		ducamur	
legis		pareamus	
abestis		fallaris	
laboro		occupentur	

4 Das Verb *ire* bildet den Konjunktiv Präsens mit dem Stamm **e-** + **Modusvokal -a-** + **Personalmorphem**. Wie lauten die sechs Formen des Aktivs?

Was **drückt** nun der Konjunktiv Präsens **aus**? – Vieles und sehr Verschiedenes! Wir wollen uns deshalb hier zunächst auf die Verwendung dieses Konjunktivs in einem Gliedsatz/Nebensatz beschränken und auch in diesem Bereich nur eine Verwendungsart betrachten. Sieh dir dazu die folgenden Sätze und deren Übersetzung an.

(1) Iuppiter in terram se confert,
ut Europae prope sit.

Jupiter begibt sich auf die Erde,
um Europa nahe zu sein./
damit er Europa nahe ist.

(2) Iuppiter forma tauri adest,
ne puellam terreat.

Jupiter ist in der Gestalt eines Stieres da,
um das Mädchen nicht zu erschrecken./
damit er das Mädchen nicht erschreckt.

(3) „Taurus" oret,
ut puella caput eius ornet.

Der „Stier" bittet(,)
dass das Mädchen seinen Kopf schmückt./
das Mädchen, seinen Kopf **zu** schmücken.

(4) Puella postulat,
ne amicis eripiatur.

Das Mädchen fordert,
dass es den Freundinnen nicht entrissen wird./
den Freundinnen nicht entrissen **zu** werden.

(5) A puella petitur,
ut dorsum tauri conscendat.

Vom Mädchen wird gewünscht/verlangt,
dass es auf den Rücken des Stieres steigt./
auf den Rücken des Stieres **zu** steigen.

Diese Beispielsätze sind **Finalsätze**; sie werden, wenn sie bejaht sind, mit der Subjunktion (= unterordnenden Konjunktion) *ut* („dass"; „damit"), wenn sie verneint sind, mit der Subjunktion *ne* („dass nicht"; „damit nicht") eingeleitet. Nach *ut* und *ne* steht das Prädikat des Finalsatzes immer im **Konjunktiv**.

Sicherlich wirst du jetzt fragen, wann denn nun das *ut* mit „dass" und wann mit „damit" übersetzt wird. Sehen wir uns dazu die Sätze noch einmal genauer an. Im ersten und zweiten Beispielsatz wird mit dem Finalsatz jeweils eine **Absicht** wiedergegeben: Jupiter hat die **Absicht**, Europa nahe zu sein, und er **hat** nicht **vor**, das Mädchen zu erschrecken. Wenn eine Absicht ausgedrückt wird, dann wird das *ut* mit **„damit"** übersetzt.

> **Merke:** Steht im übergeordneten **und** im abhängigen Satz **dasselbe Subjekt**, dann kannst du im Deutschen *ut* bzw. *ne* auch mit **„um ... zu"** + **Infinitiv** bzw. **„um ... nicht zu"** + **Infinitiv** wiedergeben.

Finalsätze, die eine Absicht ausdrücken, sind **Adverbialsätze**; sie nehmen im Satz die Stelle einer **adverbialen Bestimmung** ein.
Im dritten, vierten und fünften Beispielsatz wird demgegenüber ein **Wunsch** oder **Begehren** ausgedrückt: Der Stier wünscht, dass Europa ihm den Kopf schmückt, bzw. Europa fordert/begehrt, nicht den Freundinnen entrissen zu werden. Wenn solche Aussagen vorliegen, wird das *ut* mit **„dass"** wiedergegeben.

Begehrssätze stehen **nach Verben des Bittens, Forderns und Strebens** wie *rogare, persuadere, orare, monere, permittere, petere, optare, imperare*.
Begehrssätze haben im Satz, sofern das Prädikat des Hauptsatzes im **Aktiv** steht, die Stelle des **Objekts** inne. Steht das Prädikat des Hauptsatzes jedoch im **Passiv**, so nimmt der Begehrssatz die Stelle des **Subjekts** ein (s. Satz 5).

5 So, jetzt darfst du zeigen, dass du die vielen Erläuterungen verstanden hast. Übersetze die folgenden Sätze und gib jeweils an, ob es sich um einen Absichts- oder Begehrssatz handelt.

Caesar copias in Galliam ducere parat, ut Gallos et socios eorum superet. – _____

Milites admonet, ut bono animo sint. – _____

„Vos", inquit, „rogo, ut omnia pericula libenter suscipiatis. – _____

Rogo vos, ne in rebus adversis desperetis. – _____

Pugnate mecum, ut hostes vincamus! – _____

Etiam vos deos imploro. A vobis peto, ut nobis victoriam detis. – _____

Adiuvate nos, ut Alesia tandem deleatur et Galli vincantur!" – _____

Her mit den besseren Noten!

Das bewährte **Besser in Latein-Lernhilfenprogramm** gibt es komplett vom ersten Lernjahr bis zum Abitur. Jeder Band der jeweiligen Klassenstufe deckt alle wichtigen Lehrplanthemen ab. Übungen, Tipps, Lösungshilfen und die wichtigsten Regeln zum Nachschlagen und Lernen für zu Hause und unterwegs.

Mit Lösungen – zur Selbstkontrolle oder für die Eltern.

Besser in Latein	ISBN 978-3-589-
Grammatik 1. Lernjahr	21830-1
Grammatik 3./4. Lernjahr	22445-6
Lernwörterbuch 1. bis 4. Lernjahr	22288-9
Die große Lernkartei 1./2. Lernjahr	22490-6
Die große Lernkartei 3./4. Lernjahr	22596-5

Außerdem liegen Titel für folgende Fächer vor:

- Deutsch
- Englisch
- Französisch
- Spanisch
- Physik
- Lern- und Arbeitstechniken

Fragen Sie bitte in Ihrer Buchhandlung oder im gut sortierten Fachhandel.

Cornelsen SCRIPTOR